O CALDEIRÃO DA MAGIA
AMAZÔNICA

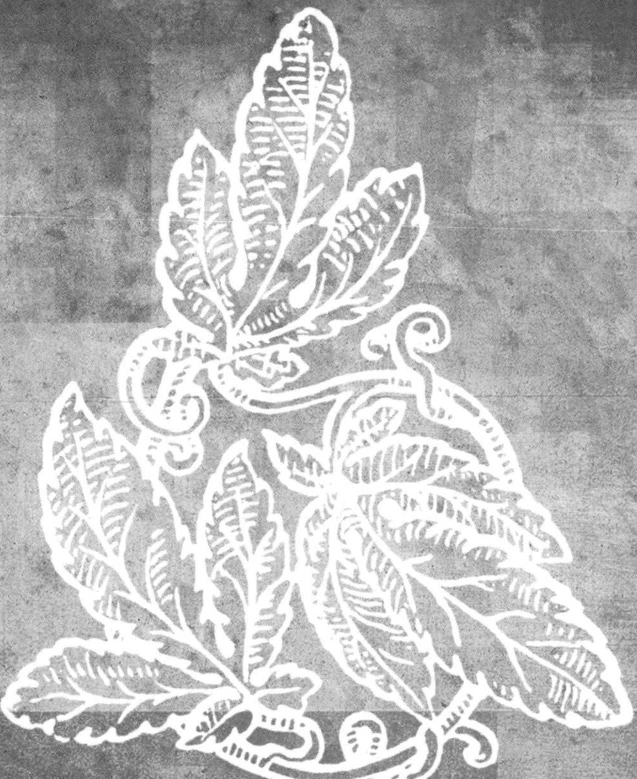

O CALDEIRÃO DA MAGIA
AMAZÔNICA

✣ SUELY CALS ✣

RIO DE JANEIRO, 2011

Copyright© 2011
Suely Cals

Editoras
Cristina Fernandes Warth
Mariana Warth

Coordenação editorial
Silvia Rebello

Produção editorial
Rafaella Lemos

Preparação de originais
Eneida D. Gaspar

Projeto gráfico
Aron Balmas

Diagramação de miolo
Abreu's System

Capa
Luis Saguar e Rose Araujo

(Este livro segue as novas regras do Acordo Ortográfico da Língua Portuguesa.)

Todos os direitos reservados à Pallas Editora e Distribuidora Ltda.
Não é permitida a reprodução por qualquer meio mecânico, eletrônico, xerográfico
etc. de parte ou da totalidade do conteúdo e das imagens contidas neste impresso
sem a prévia autorização por escrito da editora.

CIP-BRASIL.CATALOGAÇÃO-NA-FONTE
SINDICATO NACIONAL DOS EDITORES DE LIVROS, RJ

C165c

Cals, Suely
    O caldeirão da magia amazônica / Suely Cals. -
Rio de Janeiro : Pallas, 2011.
180p.

ISBN 978-85-347-0443-4

1. Magia. 2. Simpatia. 3. Lendas - Amazônia. I. Título.

11-0441   CDD: 133.44
                                                                                               CDU: 133.4

Pallas Editora e Distribuidora Ltda.
Rua Frederico de Albuquerque, 56 – Higienópolis
CEP 21050-840 – Rio de Janeiro – RJ
Tel./fax: 55 21 2270-0186
www.pallaseditora.com.br
pallas@pallaseditora.com.br

Dedico este livro ao povo da Amazônia, aos meus amigos da floresta, às índias mirongueiras, às mulheres rezadeiras e benzedeiras, aos caboclos ribeirinhos, que, com sabedoria, me passaram seus ensinamentos. E, muito especialmente, à minha filha da Arte, Elydia Paulina Campanholo Busetti, que, com carinho e dedicação, me ajudou na edição deste livro.

SUMÁRIO

Palavras necessárias	9
O alquimista	11
Influências planetárias	13
Águas	15
Óleos	25
Amuletos	31
Atrações	37
Banhos	59
Incensos	65
Perfumes	71
Mirongas para negócios e prosperidade material	75
Chás e xaropes	79
Receitas da índia Guaiami	83
Alquimia doméstica	97
Culinária esotérica	107
Receitas para a beleza	115
Orações, rezas e benzimentos	123
Proteções e mirongas para os animais	135
Plantas, suas propriedades medicinais e usos na magia	141
Glossário	167
Bibliografia consultada	177

PALAVRAS NECESSÁRIAS

Há muito tempo, as pessoas tinham que buscar na floresta tudo de que precisavam para se alimentar, se vestir, fazer suas casas e seus remédios.

Quando um animal era caçado para fornecer carne para o povoado, o feiticeiro recebia as "partes mágicas": pelos, chifres, penas, cascos. Ele também podia esquadrinhar a mata para coletar restos de animais mortos, peles de serpente abandonadas durante a muda etc. Era assim que os povos antigos viviam; essa coleta tinha pouco impacto sobre as espécies animais e vegetais, porque era feita em pequena escala.

Nos tempos modernos, pessoas pouco escrupulosas descobriram que a magia podia ser um grande negócio. Os materiais que antes eram coletados em pequena quantidade, passaram a ser vendidos em grande escala. Muitas vezes, inclusive, houve uma deturpação do uso original das partes animais. Por exemplo, uma ave cujas penas — o talismã original — poderiam ser coletadas após caírem espontaneamente, passa a ser vista, a própria ave inteira, como o talismã, e por isso é morta indiscriminadamente.

Com isso, espécies foram extintas ou estão hoje à beira da extinção, apenas porque são caçadas para extrair uma pequena parte de seu corpo, considerada um poderoso amuleto.

A questão que surge é: se estamos interessados em magia da natureza, na nossa harmonização com as energias naturais, qual pode ser o efeito, para nossos intentos, do fato de basearmos nossos pedidos em atos de crueldade e destruição?

Não estou sequer pensando no aspecto legal do assunto: no fato de que a caça e a venda de animais silvestres vivos ou mortos é crime, pois é um ato que desequilibra o meio ambiente. Estou falando apenas de magia. Se é verdade que existe a lei do retorno — e esta é uma lei bem estabelecida na magia —, a crueldade contra os animais usados na magia certamente irá voltar contra quem compactuou com ela.

É por isso que, modernamente, os grandes mestres recomendam que procuremos obter os materiais mágicos sem que seres vivos tenham sofrido para isso. Animais morrem naturalmente, de velhice. Também passam por períodos de muda e renovam elementos externos (pelos, unhas, chifres, penas) que, nesses momentos, caem espontaneamente. Isso vale tanto para animais silvestres quanto para os domésticos.

Jardins Zoológicos e criadores legalizados das espécies em pauta são as fontes ideais dos materiais mágicos. Pelo bem da natureza e pelo sucesso da sua magia, evite comprar partes animais em vendedores que comercializam produtos de origem desconhecida: o mais provável é que eles sejam fornecidos por caçadores clandestinos. Se você comprar o que eles vendem, estará se tornando cúmplice desse crime contra a Mãe Natureza e colaborando para tornar o mundo mais triste e feio.

O ALQUIMISTA

Nós somos energia pura, compostos principalmente de água, o que nos torna completamente imantados. Captamos do universo que nos rodeia todos os tipos de onda magnética e, dependendo da nossa sintonia, somos receptores em potencial. Absorvemos e interiorizamos essas influências sem sequer percebê-las; mas precisamos aprender a nos defender e a nos proteger.

Às vezes, por sermos mais sensíveis, sentimos essas influências e, ao buscarmos nosso interior, devemos ter ou saber o caminho que devemos tomar.

Nosso cotidiano de hoje é muito atribulado. Vivemos sob pesadas cargas no nosso campo pessoal, familiar ou de trabalho; nosso sucesso incomoda os incompetentes. Então, devemos saber lidar com todas essas coisas e nos defender através dos recursos que estão à nossa disposição em nosso ambiente, usando o campo fértil que nos rodeia.

Estamos no maior campo de energia do planeta: a Amazônia, celeiro do mundo, berço da magia, com suas mirongas, seus encantamentos, suas águas, ervas, flores e frutos. Isto tudo é o somatório das forças de Deus, mas se manifesta individualmente dentro de cada um, quer nas nossas emoções, quer na alteração do nosso estado mental. As influências subconscientes, podemos senti-las na pele ou no nosso comportamento e, uma vez detectadas, descobrimos que elas têm o poder de nos influenciar; mas nós temos o conhecimento para combatê-las.

Todos nós somos oráculos vivos de energia divina. Nosso corpo é o santuário que abriga nossas reações e, por isso, temos obrigação de mantê-lo saudável juntamente com a nossa mente. A força que existe dentro de nós deve ser alimentada pela fé, seja ela no que for ou em quem for. Por isso, nós temos que ter um caminho no qual a oração seja um esteio, em que nós nos apoiaremos nos momentos de dificuldade, e que aja como fator estabilizante, nos protegendo e nos aliviando de várias formas.

Orar é estar em comunhão com Deus. A oração é a força real do universo.

As plantas, sob a forma de ervas e raízes, exercem grande influência, não só no nosso corpo material como no nosso corpo espiritual, pela força que emana de cada uma e que atua sobre o campo etérico. Nós somos ligados ao exterior por todos os canais. Por isso, devemos ter respeito e amor pelas plantas, pois seus aromas revigoram nosso campo etérico e fortalecem o nosso interior.

Este livro deverá ser usado como manual prático de receitas, de mandingas, de campos de força e de pensamento. Ele é de ordem prática. Foi escrito para ensinar e orientar sobre as diversas maneiras que você tem no seu meio, no seu universo mais próximo, para ajudar a transformar em positividade as energias contrárias que nos rodeiam. São coisas simples e não é preciso ser mago para usá-las: basta que você as faça de modo certo, no tempo certo, com respeito e fé.

Suely Cals

INFLUÊNCIAS PLANETÁRIAS

Para trabalharmos com as forças mágicas, devemos estar atentos às influências astrológicas ou planetárias que se fazem presentes quando as usamos.

AS FASES DA LUA

A Lua tem uma grande importância na mutação do universo, especialmente o feminino. Ela é responsável pelas marés, pelo parir dos animais, pela gestação humana, pelas colheitas e pelo plantio. Cada fase da Lua tem sua influência especial.

LUA CHEIA Aumenta a percepção e a fertilidade para pedidos de amor, para alquimias e para tudo ligado aos sentimentos.

LUA CRESCENTE É um tempo bom para pedidos de bens materiais.

LUA MINGUANTE É favorável à quebradura de trabalhos e forças negativas.

LUA NOVA Favorece o renascer, as esperanças e os pedidos de realização de ordem interior.

OS PLANETAS

Os chamados planetas da antiga magia (o Sol, a Lua e os cinco planetas visíveis do Sistema Solar) são governantes planetários dos dias da semana e neles derramam a sua influência.

DOMINGO Governado pelo Sol, que favorece rituais de cura e de prosperidade.

SEGUNDA-FEIRA Governada pela Lua, que favorece rituais para encantamento e reconciliação.

TERÇA-FEIRA Governada por Marte, que favorece rituais para cirurgias e quebra de energias negativas.

QUARTA-FEIRA Governada por Mercúrio, que favorece rituais de ajuda para todos os negócios que envolvam comunicação, ajuda para provas, concursos etc.

QUINTA-FEIRA Governada por Júpiter, que favorece rituais de sorte, saúde e felicidade.

SEXTA-FEIRA Governada por Vênus, que favorece rituais de amor, romance e casamento.

SÁBADO Governado por Saturno, que favorece rituais de limpeza, afastamento e proteção.

ÁGUAS

Desde os tempos mais remotos, as águas são usadas em rituais. Sabemos que o homem, em princípio, foi criado pelo espírito das águas, que é um poderoso agente purificador e energético. Devemos saber os tipos de água com que contamos.

SALGADA Água do mar; não é potável.

DOCE Água dos rios, cachoeiras, chuvas e riachos; é potável desde que esteja limpa.

PREPARO DAS ÁGUAS

As águas para uso em energização devem ser principalmente das fontes naturais, como a chuva, os rios e os mares. Existem várias maneiras de você acrescentar influências específicas à água, usando flores, ervas, metais, óleos etc.

ÁGUA SOLARIZADA É a água exposta ao Sol (no mínimo por três horas), em vasilhas brancas ou coloridas, de preferência transparentes para melhor absorção dos raios.

ÁGUA LUNADA Exposta à luz da Lua por uma noite, esta água é mais indicada para o sexo feminino.

PARA FAZER UMA INFUSÃO As raízes, cascas, flores e folhas devem sempre ficar em infusão. A infusão é a conservação temporária de uma substância num líquido, para extrair seus princípios medicamentosos ou alimentícios. Use um frasco de boca larga, que deve estar lavado e depois seco naturalmente: não o enxugue com guardanapos ou toalhas.

PARA FAZER UMA QUIMERAÇÃO A quimeração é o uso das ervas fervidas para o melhor aproveitamento do seu potencial natural. Sempre que fizer uma quimeração, saiba que será sempre para uso em limpeza de ambientes ou do corpo.

Saiba usar as ervas corretamente para obter os efeitos desejados. E lembre-se: nunca beba águas, banhos, infusões ou quimerações. Elas são para uso externo.

Água forte

INGREDIENTES:
1 litro de água
2 colheres de sopa de raspas de ferro (limalha)
1 ímã

PREPARO: Esta água é usada apenas para limpeza de ambientes. Coloque a água em uma vasilha de barro ou vidro. Acrescente as raspas de ferro e o ímã. Deixe exposta às forças naturais por 24 horas.

Água de frutas

INGREDIENTES:
½ litro de cachaça
Pedaços de frutas (não podem ser menos de dois nem mais de nove tipos diferentes de frutas)
1 litro de água solarizada ou lunada

PREPARO: Coloque os pedaços de frutas e a cachaça em uma vasilha de vidro ou barro. Deixe em infusão por 24 horas; depois esprema em um pano. O suco deverá ser misturado com a água solarizada ou lunada.

Água de pajé

INGREDIENTES:
1 garrafa de tucupi (água de mandioca ralada)
7 dentes de alho
1 pedaço de tabaco de corda
Algumas folhas de guiné

PREPARO: A água da mandioca deve ser usada crua, sem ferver. Acrescentar a ela os dentes de alho, o tabaco de corda e as folhas de guiné.

Água de raiz-do-sol

INGREDIENTES:
1 pedaço de raiz-do-sol
1 litro de água solarizada

PREPARO: Socar a raiz-do-sol em um pilão. Seu sumo deve ser coado e misturado à água solarizada.

o caldeirão da magia amazônica

Água de pepino

INGREDIENTES:
1 pepino
2 copos de água
Mel

PREPARO: Corte o pepino em pedaços pequenos. Deixe-o de molho por sete horas na água adoçada com mel. Esprema em um pano e a água estará pronta para ser usada.

Água de açaí

INGREDIENTES:
1 punhado de caroços de açaí
2 copos de água solarizada
2 copos de aguardente

PREPARO: Este ritual só deve ser feito à noite. Deixe, por 24 horas, os caroços de molho na água solarizada misturada com a aguardente. Depois coe o líquido sem amassar os caroços.

Água de castanha-do-pará

INGREDIENTES:
7 castanhas-do-pará
2 copos de água lunada

PREPARO: Rale as castanhas-do-pará em uma língua de pirarucu ou soque-as num pilão. Esprema o sumo e misture com a água lunada dentro de um ouriço (fruto da castanheira).

águas

Água de fortificação

INGREDIENTES:
Alguns frutos de urucum
1 litro de água solarizada

PREPARO: Retire as sementes do urucum e deixe-as de molho na água solarizada por 24 horas. Depois esprema num pano e guarde a água no refrigerador para seu usada quando precisar.

Água de patchuli

INGREDIENTES:
1 pedaço de raiz de patchuli
1 garrafa de cachaça

PREPARO: Deixe a raiz em infusão na cachaça por oito dias e depois use quando for necessário.

Água de pedras

INGREDIENTES:
Pedras de cachoeira, rio ou mar
1 garrafa de água coletada no mesmo local das pedras
Algumas folhas verdes

PREPARO: Coloque as pedras na água por 24 horas, expostas à natureza. Você não pode deixar que as pedras toquem o fundo da vasilha, que deve ser de louça e que deverá estar forrada com as folhas verdes.

o caldeirão da magia amazônica

Água de atração

INGREDIENTES:
1 copo de água lunada
1 copo de água de jiboia
1 copo de água de chama
1 litro de cachaça
1 raminho de manjerona
Folhas de oriza
Folha de vindecaá-pajé
1 raminho de catinga-de-mulata
1 raminho de manjericão
1 punhado de flores de jasmim-bogari

PREPARO: Macere a manjerona, a oriza, a vindecaá-pajé, a catinga-de-mulata, o manjericão e o jasmim-bogari na água lunada. Coloque em um vidro escuro com água de jiboia e água de chama. Misture a cachaça e está pronta para uso.

Água de flores

INGREDIENTES:
1 punhado de jasmim-bogari
1 punhado de jasmim-santo-antônio
1 punhado de flores de açucena-do-mato
1 rosa-de-todo-ano
½ litro de água lunada

PREPARO: Coloque as flores em uma vasilha, acrescente a água lunada e deixe na natureza por 24 horas para receber as energias. A vasilha deve estar coberta por um pano branco. Não use frascos ou garrafas tampados com rolhas.

águas

Água da vitória

INGREDIENTES:
1 litro de água solarizada
100 g de pregos de ferro
1 ímã

PREPARO: Coloque os pregos e o ímã em metade da água. Espere uns dez dias para que comecem a enferrujar. Depois complete com o meio litro de água restante e está pronta para uso.

Água do céu

INGREDIENTES:
3 litros de água solarizada
1 boneca de anil

PREPARO: Ponha a boneca de anil dentro da água. Deixe na natureza por 24 horas e só então guarde na geladeira.

Água dos anjos

INGREDIENTES:
½ litro de água
1 pedaço de patchuli
7 flores de jambu
1 rosa vermelha
1 rosa branca
1 rosa cor-de-rosa

PREPARO: Misture tudo. Deixe em infusão por três dias na natureza e estará pronta para o uso.

Água de quebradura

INGREDIENTES:
1 litro de água
1 colher de chá de creolina

PREPARO: Misture os ingredientes e a água está pronta para uso.

USOS E PROPRIEDADES DAS ÁGUAS

ÁGUA FORTE Usada para limpeza de ambientes.

ÁGUA DE FRUTAS Usada para limpeza do corpo.

ÁGUA DE PAJÉ Usada para limpeza do corpo e do ambiente.

ÁGUA DE RAIZ-DO-SOL Usada para limpeza do ambiente e do corpo.

ÁGUA DE PEPINO Usada apenas por mulheres, pois trata-se de uma planta lunar e serve como campo de atração.

ÁGUA DE AÇAÍ Usada para limpeza do corpo por pessoas que estejam com problemas de ordem espiritual.

ÁGUA DE CASTANHA-DO-PARÁ Usada para limpeza do corpo (deve ser jogada na cabeça).

ÁGUA DE PURIFICAÇÃO Usada para limpeza de ambientes, principalmente comerciais.

ÁGUA DE PATCHULI Usada para limpeza do corpo, principalmente para resolver problemas de ordem espiritual.

ÁGUA DE PEDRAS Usada para qualquer tipo de problema.

águas

ÁGUA DE ATRAÇÃO Usada para atrair qualquer coisa, tanto de ordem material como de ordem espiritual. Deve ser jogada na cabeça.

ÁGUA DA VITÓRIA Usada apenas para limpeza de ambientes.

ÁGUA DO CÉU: Usada do pescoço para baixo, misturando uma xícara em meio litro de água pura, para problemas de dinheiro.

ÁGUA DOS ANJOS Usada em qualquer quantidade, nas luas crescente e cheia, para pedidos de amor, amizade, saúde e harmonia. Deve ser jogada na cabeça.

ÁGUA DE QUEBRADURA Usada para limpeza de ambientes.

ÓLEOS

Os óleos sempre foram usados para consagração em atos rituais. Eles têm como finalidade transmitir energias ou defender das energias os lugares ou aqueles que os usam, criando em torno deles um poderoso campo magnético.

PREPARAÇÃO DOS ÓLEOS

Esses óleos são a combinação das propriedades do óleo básico e do material com que são misturados, como, por exemplo, folhas, flores, frutos, pedras, pós etc. Para preparar um óleo é preciso que o vidro em que o material vai ser colocado esteja limpo e seco.

Óleo vegetal

INGREDIENTES:
Óleo de oliva, milho, soja, arroz ou girassol

PREPARO: Guarde o óleo escolhido em um frasco fechado.

Óleo canônico

INGREDIENTES:
Azeite de oliva
1 pitada de sal

PREPARO: Misture os ingredientes e guarde em um frasco fechado.

Óleo mineral

INGREDIENTES:
1 pedra de quartzo branco
1 ímã
Óleo vegetal

PREPARO: Ponha as pedras (o quartzo e o ímã) no fundo de um frasco e encha-o com óleo. Mantenha o frasco fechado.

Óleo de consagração

INGREDIENTES:
1 litro de azeite de oliva
1 colher de mirra em pó
1 colher de noz-moscada ralada

PREPARO: Misture tudo e guarde em um frasco fechado.

Óleo magnético

INGREDIENTES:
½ litro de óleo vegetal
1 pedaço de ferro
1 pedra de rio

PREPARO: Coloque o óleo em um vidro e adicione o ferro e a pedra. Deixe em um lugar escuro por oito dias, sempre fechado por uma rolha de cortiça. Usado para fazer um campo entre você e o que deseja.

Óleo de encruzamento

INGREDIENTES:
8 folhas de canela
Raspas de cedro
8 favas de cumaru
Pedaços pequenos de tabaco de corda
Óleo vegetal

PREPARO: Deixe as ervas macerando no óleo por 11 dias.

Óleo de saúde

INGREDIENTES:
½ litro de óleo de amêndoa-doce
Folhas de manjericão
Folhas de hortelã

PREPARO: Misture tudo e deixe em infusão por 11 dias.

Óleo dos amantes

INGREDIENTES:
½ litro de óleo de semente de uva
1 fava de baunilha
1 colher de chá de mel
Pétalas de uma rosa vermelha

PREPARO: Misture os ingredientes e deixe em infusão por 11 dias.

Óleo de defesa

INGREDIENTES:
½ litro de óleo de andiroba
1 colher de sopa de sal
Pedaços de enxofre

PREPARO: Misture tudo. Deixe no escuro por 11 dias. Usado para afastar alguém ou alguma coisa.

USOS E PROPRIEDADES DOS ÓLEOS

ÓLEO VEGETAL É usado para consagração.

ÓLEO CANÔNICO É um óleo de defesa, tanto do corpo como de objetos. Serve para encruzamento dos batentes das portas, para oleamento de velas, para proteção de carros. No corpo, serve para encruzar as mãos e os pés.

ÓLEO MINERAL É um óleo que também pode ser usado como carreador com outros óleos, tal a fortificação que ele recebe da pedra e do ímã.

ÓLEO DE CONSAGRAÇÃO Usado para consagrar instrumentos ou peças de rituais.

ÓLEO MAGNÉTICO Serve para afastar as energias negativas de seu corpo ou de ambientes. Deve ser usado sempre em pequenas quantidades, apenas o suficiente para ser passado, com o indicador da mão esquerda, nas palmas das mãos e dos pés, na nuca e no plexo solar.

ÓLEO DE BENZIMENTO Para benzer crianças e adultos, encruzando-os com as pontas dos dedos molhados no óleo, começando pela testa e continuando no plexo cardíaco (peito), abdome, mãos, pés e nuca.

ÓLEO DE ENCRUZAMENTO Usado para proteção, é passado nas dobras do corpo e funciona como defesa contra negatividades externas. Na casa, encruze com ele os batentes das portas de entrada e de saída.

ÓLEO DOS AMANTES Usado para magias de amor e atração.

ÓLEO DE SAÚDE Para atrair paz, serenidade, prosperidade e saúde. Usado nas mãos, nos pés e no meio da testa.

ÓLEO DE DEFESA Para defesa do corpo e da casa. Este óleo serve para afastar as energias negativas, as vibrações contrárias, o mau-olhado e todas as coisas que possam alterar o campo magnético.

AMULETOS

São objetos sagrados encarregados de trazer boa sorte. Os amuletos devem ser feitos com cuidado para que atinjam seus objetivos. Eles podem ser confeccionados com pedras, metais, ervas etc.

Para atrair o amor

INGREDIENTES:
1 rosa-de-todo-ano
1 concha pequena
Aparas das unhas da própria mão direita
1 saquinho branco

PREPARO: Coloque as pétalas secas da rosa, as aparas das unhas e a concha dentro do saquinho.

Para proteção pessoal

INGREDIENTES:
1 saquinho vermelho

1 escama de pirarucu
1 pentagrama de aço
1 folha de canela macho

PREPARO: Coloque a escama, o pentagrama e a folha dentro do saquinho.

Para atrair dinheiro (1)

INGREDIENTES:
1 castanha-do-pará
7 moedas
1 saquinho verde

PREPARO: Torre a castanha-do-pará e soque sem descascar. Guarde o pó no saquinho junto com as moedas lavadas e secas.

Para atrair dinheiro (2)

INGREDIENTES:
1 pedra de rio
1 pedaço de folha de bananeira
1 agulha de costura usada

PREPARO: Enrole a pedra na folha de bananeira e feche com a agulha.

Para proteger seu carro ou estabelecimento

INGREDIENTES:
1 signo-salomão
1 espada de aço (em miniatura)
1 frasquinho de azougue
1 figa de guiné

1 pedaço de folha de bananeira seca
1 agulha de costura virgem

PREPARO: Embrulhe o signo-salomão, a espadinha, o azougue e a figa na folha de bananeira, e feche com a agulha.

Para proteger bebês

INGREDIENTES:
1 pouco de farinha de mandioca
1 palma (raminho) de arruda
1 dente de alho
1 figa de guiné
1 saquinho de pano

PREPARO: Coloque a farinha de mandioca, a palma de arruda, o dente de alho e a figa no saquinho, e mantenha-o embaixo do travesseiro da criança.

Para proteger contra ladrões

INGREDIENTES:
1 pentagrama de aço
7 pimentas-malaguetas secas
1 espadinha de aço
1 saquinho de pano

PREPARO: Faça um patuá pondo o pentagrama, as pimentas e a espada no saquinho. Carregue na bolsa.

Para saúde

INGREDIENTES:
1 dente de jacaré

1 olho-de-boi
1 ramo de manjericão
1 saquinho de pano

PREPARO: Ponha o dente, o olho-de-boi e o manjericão no saquinho e ande com ele perto de você.

Para proteger casas desocupadas

INGREDIENTES:
2 ripas de cedro
1 signo-salomão
1 figa de guiné

PREPARO: Faça uma cruz com as ripas de cedro e pregue no meio dela o signo-salomão e a figa.

Para afastar espíritos

INGREDIENTES:
1 punhado de mirra
1 pedaço de raiz de pripioca
7 grãos de milho amarelo
1 saquinho de pano

PREPARO: Ponha a mirra, a pripioca e o milho dentro do saquinho; coloque-o atrás da porta de entrada.

Para evitar brigas na rua

INGREDIENTES:
1 olho-de-boi
Barbante vermelho
1 pedaço de folha de bananeira seca
1 espinho de cuandu

amuletos

PREPARO: Corte um pedaço do barbante com a medida da sua mão direita. Embrulhe o olho-de-boi e esse pedaço de barbante na folha de bananeira. Faça uma trouxinha e prenda as pontas com o espinho de cuandu.

SÍMBOLOS MÁGICOS

LUA CRESCENTE Símbolo sagrado da deusa; energia feminina. Serve para dar força e energia a quem o usa.

PENTAGRAMA Estrela de cinco pontas, sempre usada com a ponta para cima. Representa a figura humana. Serve como defesa, principalmente para quem trabalha com as forças cósmicas e telúricas. Invertida, é o símbolo do mal.

TRIÂNGULO Símbolo que equivale ao número três, representando a deusa tríplice, virgem, mãe e anciã. Representa ainda o princípio masculino e serve como proteção.

SIGNO-SALOMÃO Estrela de seis pontas, usada como proteção.

TRIDENTE Representa a divindade masculina e é usado em rituais de união.

CÍRCULO Sem princípio e sem fim, é usado em rituais para a purificação de ambientes.

QUADRADO Simboliza o elemento Terra e é usado para proteção de ordem material.

FIGA Mão fechada, com o polegar esticado entre os dedos indicador e médio. Usada para proteger contra energias negativas e afastar o azar.

ATRAÇÕES

Para atrair um amor (1)

INGREDIENTES:
3 maçãs
3 colheres de sopa de mel
1 colher de sopa de açúcar mascavo
1 colher de chá de canela em pó
1 vasilha de vidro larga

PREPARO: Corte as maçãs ao meio no sentido vertical. Em cada banda, escreva o nome do(a) amado(a). Deite os pedaços na vasilha, com o lado da casca para cima, e cubra com açúcar, mel e canela. Deposite em uma praça ou quintal, na Lua Crescente.

Para atrair um amor (2)

INGREDIENTES:
1 maçã verde
1 punhado de erva-doce
8 castanhas-do-pará

o caldeirão da magia amazônica

1 rosa vermelha
1 pedaço de papel

PREPARO: Corte a maçã pela metade no sentido horizontal e cave o centro da metade inferior com uma colher. Coloque dentro da cavidade o papel em que escreveu a lápis o nome da pessoa amada, com o seu próprio nome escrito por cima. Arrume ao lado as castanhas descascadas. Cubra tudo com a erva-doce e as pétalas da rosa. Coloque por cima a outra metade, que não foi cavada, e enterre a fruta em um lugar bonito.

Para atrair um amor (3)

INGREDIENTES:
1 pedaço de feltro vermelho
Linha vermelha
1 pedaço de papel ou a foto da pessoa amada
1 cristal de quartzo rosa

PREPARO: Faça um saquinho quadrado de feltro vermelho e costure apenas três lados, deixando uma abertura. Coloque dentro deste quadrado o seu pedido de amor, escrito no papel, ou a foto da pessoa que você quer atrair. Esconda-o em algum lugar, tendo em cima o quartzo rosa.

Para atrair alguém que não percebe o seu amor

INGREDIENTES:
1 pedaço de papel cor-de-rosa
Mel
1 vasilha com tampa

PREPARO: Faça no papel o desenho de dois bonecos e depois recorte-os. Escreva seu nome em um boneco, o da pessoa amada no outro e ponha um de frente para o outro dentro da vasilha, colocando seu próprio boneco por cima do da outra pessoa. Cubra com mel, tampe e deixe acontecer.

Para atrair sensualidade

INGREDIENTES:
½ litro de mel
½ litro de água
1 colher de chá de essência de patchuli
1 ramo de jambu com flor

PREPARO: Misture em uma garrafa o mel, a água e a essência. Acrescente o ramo de jambu. Tenha sempre essa mistura em seu banheiro. Quanto terminar seu banho, passe-a no corpo e abra o chuveiro somente para retirar o excesso.

Para atrair o amor perdido

INGREDIENTES:
Água de jiboia
1 rosa vermelha
1 rosa amarela
2 favas de baunilha
1 jasmim-de-santo-antônio

PREPARO E USO: Coloque tudo dentro da água e deixe na natureza por 48 horas. Depois use nas dobras do corpo.

Para apressar um casamento

INGREDIENTES:
1 imagem pequena de Santo Antônio
1 pão doce
1 prato branco
1 pedaço de papel
1 fita azul
1 colher de sopa de mel

PREPARO: Abra o pão ao meio. Coloque dentro dele a imagem embrulhada no papel em que você terá escrito o seu nome e o nome do seu noivo. Amarre o pão com a fita, coloque-o no prato e cubra com o mel. Depois de sete dias, despache em água de maré crescente.

Para resolver crises conjugais

Numa segunda-feira, após o nascer do sol, abra todas as portas e janelas de sua casa, no sentido da direita para a esquerda. Em seguida, retorne fechando tudo.

Para prender o marido em casa (1)

INGREDIENTES:
Barbante ou outro tipo de fio
1 pedaço de papel

PREPARO: Corte um pedaço do fio na medida do sapato do pé direito do seu marido. Pegue o papel, escreva seu nome sobre o dele e amarre o papel com o fio da medida. Enterre-o em um vaso que fique na entrada da sua casa.

atrações

Para prender o marido em casa (2)

INGREDIENTES:
Farinha de mandioca
Água
3 pedacinhos de papel
1 pedaço de carvão
Mel
Canela em pó
1 prato

PREPARO: Faça três bolinhos com a farinha umedecida com água. Em cada pedacinho de papel, escreva o nome dele com o carvão. Abra os bolinhos, coloque um papel dentro de cada um e cubra com mel. Depois ponha os bolinhos no prato e polvilhe a canela por cima deles. Deposite em uma praça.

Para unir quem está separado no casamento

INGREDIENTES:
7 maçãs vermelhas
Fio vermelho
7 pedaços pequenos de papel com o nome do cônjuge escrito
1 pacote de milho branco
Mel

PREPARO: Cozinhe o milho em água sem sal e escorra. Abra as maçãs. Coloque cada papel dentro de uma delas e amarre com o fio juntando as metades da fruta. Despeje o milho em uma vasilha de barro, arrume as maçãs em cima e cubra com mel. Deixe por um dia em casa e depois jogue no mar, em maré cheia.

o caldeirão da magia amazônica

Para salvar um casamento

INGREDIENTES:
Água de rosas, mel ou açúcar
1 peça de roupa íntima sua, usada
Sal

PREPARO: Deixe a peça íntima mergulhada no sal por 24 horas. Depois lave bem. Enxague em água de rosas, mel ou açúcar e coloque de volta na gaveta, mas não passe a ferro.

Para a reaproximação de um casal

INGREDIENTES:
1 xícara de café puro bem doce
1 pedaço de papel
1 xícara virgem

PREPARO: Tome um gole do café servido na xícara virgem. Em seguida, escreva o nome do seu cônjuge no pedaço de papel, coloque-o na xícara e deposite aos pés de uma árvore frondosa.

Para o marido não sair de casa

INGREDIENTES:
1 pedaço de papel

PREPARO: Pegue o resto da comida do seu marido, embrulhe no papel e coloque ao pé do fogão.

atrações

Para separar o marido da amante

INGREDIENTES:
Azeite de oliva
Sal grosso
1 pedaço de papel

PREPARO: Pegue uma cueca usada de seu marido. Jogue em cima um pouco de azeite e de sal. Coloque por cima de tudo o papel, com o nome da amante de seu marido escrito. Deixe na natureza por um dia e uma noite. Depois lave, enxague e dê para o seu marido usar.

Para separar duas pessoas (1)

INGREDIENTES:
7 espinhos de laranjeira
7 espinhos de cuandu
7 pimentas de qualidades diferentes
1 pedaço de papel
1 pano de chão bastante usado

PREPARO: Escreva os nomes das pessoas no papel. Embrulhe tudo em um pedaço do pano de chão e enterre em um lugar úmido.

Para separar duas pessoas (2)

INGREDIENTES:
7 maxixes
7 pimentas-malaguetas
7 alfinetes
7 pedaços pequenos de papel

o caldeirão da magia amazônica

1 panela de barro
Sal

PREPARO: Escreva em cada papel os nomes das pessoas que quer ver separadas. Coloque cada papel dentro de um maxixe. Espete cada maxixe com um alfinete e, no mesmo alfinete, prenda uma pimenta. Ponha tudo na panela de barro, cubra com sal e depois arreie em um bambuzal.

Para separar duas pessoas (3)

INGREDIENTES:
1 metro de fita branca
1 cabeça de cera
1 prato fundo
Sal grosso (não serve sal de churrasco, que é iodado)
1 pedaço de papel

PREPARO: Compre a cabeça de acordo com o sexo da pessoa que lhe interessa. Coloque dentro da cabeça o papel, no qual escreveu os nomes das duas pessoas, e encha com sal. Ponha no prato, vede os olhos da cabeça com a fita e ponha tudo em uma estrada que tenha dois sentidos de tráfego.

Para unir a pessoa amada a você

INGREDIENTES:
21 quiabos
21 cravos-da-índia
2 pedaços de papel
1 vela
1 prato

PREPARO: Cozinhe os quiabos. Depois de cozidos, misture-os aos cravinhos. Escreva o seu nome em um papel e o da pessoa amada em outro. Junte os papéis com os nomes de frente um para o outro, coloque-os no prato, ponha a vela em cima deles e arrume em volta a mistura de quiabos com cravinhos. Deixe em sua casa por 24 horas e depois arreie em uma praça ou em um jardim.

Para que seu amado volte para você

INGREDIENTES:
3 maçãs
3 pedaços de pão doce
3 balas
1 prato

PREPARO: Dê uma fervura nas maçãs. Depois de frias, coloque-as no prato com os pedaços de pão doce e as balas. Leve a uma praça e ofereça a Odioco.

Para trazer alguém de longe

INGREDIENTES:
1 envelope de carta
1 pedaço de pano vermelho
1 prato

PREPARO: Desenhe o contorno de sua mão direita no pano e escreva dentro do desenho o nome da pessoa. Coloque o pano no envelope e ponha no prato. Deixe por sete dias e sete noites embaixo do seu colchão, na direção da sua cabeça.

Para ele não deixar de pensar em você

INGREDIENTES:
1 pedaço de papel
1 punhado de erva-doce
1 punhado de cravo-da-índia

PREPARO: Coloque num almofariz (pilão pequeno) o papel com seu nome escrito, a erva-doce e os cravinhos. Soque bem até fazer um pó e sopre-o por todos os lugares onde seu amado costuma ficar.

Para ele se aborrecer com alguém

INGREDIENTES:
Vinagre
Óleo de andiroba
Óleo de rícino
1 pedaço de papel
1 garrafa vazia de água em formato de ampola, com tampa

PREPARO: Escreva no papel os nomes das pessoas que você quer separar. Ponha o papel dentro da garrafa. Depois coloque vinagre, óleo de andiroba e óleo de rícino. Feche bem e guarde no congelador ou *freezer* até o líquido congelar. Então jogue a garrafa em uma encruzilhada fêmea.

Para reatar um namoro com um homem

INGREDIENTES:
2 velas cor-de-rosa
Barbante
Mel
1 pires

PREPARO: Usando um estilete ou caneta, escreva o seu nome em uma das velas e o dele na outra. Amarre as duas juntas com um pedaço do barbante que tenha o tamanho de sua mão, coloque em um pires com mel e acenda-as.

Para reatar um namoro com uma mulher

INGREDIENTES:
1 pedaço de carne
1 pedaço de papel

PREPARO: Escreva o nome dela no papel com caneta preta. Dê um talho fundo na carne, coloque o papel dentro e, depois, enterre a carne.

Para fazer as pazes com o seu amado

INGREDIENTES:
1 pedaço de papel
1 copo de água com mel

PREPARO: Escreva no papel o nome dele junto com o seu, formando uma cruz, e coloque dentro do copo de água com mel. Guarde em lugar escuro.

Para amansar seu amado

INGREDIENTES:
2 gemas de ovo
1 pedaço de papel
Mel
1 pires

PREPARO: Escreva no papel o seu nome e o dele. Ponha no pires, com as gemas por cima, e depois cubra com o mel. Deposite em um jardim.

Para seduzir alguém

INGREDIENTES:
Pétalas de uma flor vermelha
Cascas de uma laranja
Cascas de uma maçã
1 ovo
3 moedas
1 fotografia da pessoa

PREPARO: Coloque uma panela com água no fogo. Adicione as pétalas vermelhas, a casca de laranja, a casca de maçã, as moedas e o ovo inteiro. Quando o ovo estiver cozido, dê para a pessoa comer. Coloque as moedas em cima da foto dele, em um cantinho reservado da sua casa.

Para segurar uma pessoa

INGREDIENTES:
1 baralho de tarô
3 pedaços pequenos de papel
1 taça de água com uns pingos de mel
Aparas das unhas da sua própria mão direita

PREPARO: Retire do tarô as seguintes lâminas: a Lua, o Sol e os Amantes. Escreva o nome da pessoa nos pedaços de papel e coloque cada um deles embaixo de uma das cartas, que devem ficar nas seguintes posições: Lua à direita, Sol à esquerda, Amantes no meio. Depois, coloque a taça em cima da carta do meio e dentro da taça ponha as aparas das unhas.

Para segurar alguém

INGREDIENTES:
Água de jiboia
1 rosa-de-todo-ano
3 favas de baunilha

PREPARO: Coloque tudo num frasco. Deixe descansar na natureza e depois use.

Para prender alguém (1)

INGREDIENTES:
1 fotografia da pessoa amada
1 copo de água com mel

PREPARO: Coloque a foto dentro do copo de água com mel e deixe por nove dias.

Para prender alguém (2)

INGREDIENTES:
1 fotografia sua
1 copo de água com açúcar
1 maçã

PREPARO: Coloque a foto dentro do copo e deixe por três dias. Depois retire a foto, faça com a água um suco de maçã e dê para a pessoa beber.

Para prender alguém (3)

INGREDIENTES:
1 coração de boi
1 pedaço de papel
Linha

PREPARO: Escreva o nome da pessoa amada no pedaço de papel. Faça um corte no coração e coloque o papel dentro. Costure a abertura e jogue o coração em água corrente.

Para prender alguém (4)

INGREDIENTES:
1 chiclete
1 fotografia da pessoa amada
1 fotografia sua
1 vela de sete dias

PREPARO: Masque bastante o chiclete. Depois de bem mascado, prenda no chiclete a foto dele com a sua por cima. Acenda a vela de sete dias em cima de tudo.

Para amarrar alguém (1)

INGREDIENTES:
1 estrela-do-mar
1 punhado de arroz
7 uvas verdes
7 uvas pretas
1 pedaço de papel cor-de-rosa

PREPARO: Escreva oito vezes no papel o nome da pessoa que quer amarrar. Coloque o papel dentro da estrela, cubra-o com arroz, coloque as uvas por cima e arreie em uma encruzilhada fêmea.

Para amarrar alguém (2)

INGREDIENTES:
1 vela cor-de-rosa que represente a imagem de um casal
3 colheres de sopa de mel
1 xícara de farinha de mandioca
1 colher de sopa de canela em pó
1 rosa branca
1 rosa vermelha
1 alguidar pequeno

PREPARO: Isto só pode ser feito em noite de Lua Cheia. Misture, dentro do alguidar, o mel com a farinha, fazendo uma farofa. Coloque a vela bem no meio e salpique a canela em pó, inclusive na vela. Depois arreie aos pés de uma árvore longe de sua casa, junto com as rosas.

Para amarrar alguém (3)

INGREDIENTES:
1 maçã
5 colheres de sopa de mel
1 vela cor-de-rosa
1 prato

PREPARO: Corte a maçã ao meio e entalhe o nome da pessoa na polpa das duas metades da fruta. Coloque as metades da maçã no prato, com a parte cortada para baixo, e cubra com mel. Acenda a vela ao lado. Depois de 24 horas, apague a vela, junte tudo e jogue na maré cheia.

Para deixar alguém abestalhado (1)

INGREDIENTES:
Folhas de tamaquaré

PREPARO: Torre o tamaquaré e coloque uma colher de chá do pó no almoço e no jantar da pessoa.

Para deixar alguém abestalhado (2)

INGREDIENTES:
Folhas de tamaquaré

PREPARO: Coloque o tamaquaré em um filtro ou em uma vasilha com água. Use esta água para fazer sucos, no leite etc.

Para deixar alguém abestalhado (3)

INGREDIENTES:
Folhas de tamaquaré
1 fotografia da pessoa
1 rede de dormir comum

PREPARO: Coloque o tamaquaré na rede junto com a foto da pessoa e embale várias vezes. Depois dê a rede para a pessoa dormir.

atrações

Para esquecer alguém

INGREDIENTES:
1 fotografia em que vocês dois estejam juntos

PREPARO: Corte da foto a imagem da outra pessoa. Queime essa parte da foto, visualizando paz no seu coração, tranquilidade e vida alegre, sem esta pessoa. Mentalmente, vá retirando a figura dela de sua vida. Depois enterre as cinzas em um lugar alegre e feliz.

Para se livrar de um ex-amor

INGREDIENTES:
1 pedaço de papel
Pimenta-do-reino
Água pura

PREPARO: Escreva o nome dele no papel, coloque em cima um pouco de pimenta-do-reino e depois ponha em uma vasilha com água dentro do congelador. Quando tiver virado gelo, desenforme e jogue em água corrente.

Para se livrar de um inimigo

INGREDIENTES:
7 pimentas-malaguetas
1 punhado de sal
3 dentes de alho roxo

PREPARO: Soque juntos as pimentas, o sal e os dentes de alho. Depois jogue esta mistura no fogo.

Para se livrar de alguém (1)

INGREDIENTES:
1 fio de cabelo da pessoa de quem quer se livrar
1 vela vermelha
1 pires

PREPARO: Enrole o fio de cabelo em volta da vela. Acenda-a dentro do pires. Quando acabar, junte tudo o que sobrou e jogue na rua.

Para se livrar de alguém (2)

INGREDIENTES:
7 cocos verdes
7 pedaços de papel

PREPARO: Esvazie os cocos. Ponha em cada um deles um pedaço de papel com o nome da pessoa escrito. Leve tudo para longe de onde você costuma passar e jogue cada coco em uma encruzilhada.

Bolsinha do amor

INGREDIENTES:
1 pedaço de pano vermelho
Erva-doce
1 folha de canela
1 pedaço pequeno de papel

PREPARO: Faça um saquinho pequeno com o pano vermelho. Coloque dentro dele a erva-doce, a folha de canela e o papel com o seu nome escrito. Durma sete dias com o saquinho embaixo do seu travesseiro. Depois use-o dentro da sua bolsa.

atrações

Pó do amor

INGREDIENTES:
500 g de talco neutro
1 colher de chá de noz-moscada ralada
1 colher de chá de canela em pó

PREPARO: Misture tudo. Use como talco ou sopre um pouco na sua cama, antes de dormir.

Patuá do amor

INGREDIENTES:
1 fio de crina de cavalo
1 fio de cabelo da pessoa amada
1 pripioca inteira
1 saquinho de pano cor-de-rosa ou amarelo

PREPARO: Ponha os fios e a pripioca dentro do saquinho. Use dentro da bolsa ou numa gaveta.

Talismã do amor (1)

INGREDIENTES:
1 pedaço de fio de cobre
1 saquinho de pano cor-de-rosa

PREPARO: Este talismã deve ser confeccionado em noite de Lua Cheia. Modele o fio de cobre em formato de anel. Ponha este anel no saquinho e em seguida feche a abertura. Guarde-o junto de você.

Talismã do amor (2)

INGREDIENTES:
1 pedra de turquesa ou lápis-lazúli
1 copo de água com mel

PREPARO: Este talismã deve ser confeccionado em noite de Lua Cheia. Coloque a pedra no copo de água com mel por sete dias. Depois retire e use em contato com a pele.

Talismã do amor (3)

INGREDIENTES:
1 ímã
1 pedaço de fita verde

PREPARO: Este talismã deve ser confeccionado em noite de Lua Cheia. Amarre o ímã com a fita verde. Use-o na bolsa.

Pó da sedução

INGREDIENTES:
1 colher de sopa de pétalas de rosa vermelha
1 colher de sopa de pétalas de jasmim-de-santo-antônio
1 colher de chá de conchas reduzidas a pó
½ quilo de talco sem perfume

PREPARO E USO: Leve as pétalas ao forno até murchar. Soque as pétalas com as conchas. Quando tudo estiver pulverizado, misture o talco. Use como talco ou sopre nos lugares em que precisar.

atrações

Alfinetes de sedução

INGREDIENTES:
1 vela vermelha
1 pedaço de fio de cobre
Alfinetes

PREPARO: Em uma noite de Lua Crescente, pegue o pedaço de fio de cobre e com ele escreva na vela o nome da pessoa que quer seduzir. Espete na vela um alfinete em cada letra. Todas as noites, acenda a vela até que caia um alfinete, e assim você procede até terminar a vela.

BANHOS

Banho de atração (1)

INGREDIENTES:
Água de flor de laranjeira
7 jasmins
1 rosa
1 fava de baunilha

PREPARO: Misture tudo e deixe no sereno por um dia e uma noite. Depois jogue na cabeça, um pouco em cada dia, durante três dias seguidos.

Banho de atração (2)

INGREDIENTES:
2 xícaras de água fervente
1 colher de chá de cominho em pó
1 litro de água fria

PREPARO: Misture a água fervente e o cominho. Deixe esfriar, misture com o litro de água fria e jogue tudo na cabeça.

Banho de atração (3)

INGREDIENTES:
1 ramo de jambu com flor
1 vasilha com água solarizada
1 xícara de água do céu

PREPARO: Deixe o ramo de jambu por um dia e uma noite na vasilha com água solarizada. Coloque a água do céu. Jogue na cabeça.

Banho de atração (4)

INGREDIENTES:
3 copos de água de açaí
1 colher de sopa de vinagre de maçã

PREPARO: Misture e jogue na cabeça.

Banho de atração (5)

INGREDIENTES:
3 rosas vermelhas
3 rosas amarelas
3 rosas brancas
1 litro de água do céu

PREPARO: Misture, deixe descansar e jogue na cabeça.

Banho de atração (6)

INGREDIENTES:
Pripioca ralada

Manjerona
Catinga-de-mulata
1 copo de água de rosas

PREPARO: Misture tudo e deixe descansar. Jogue na cabeça.

Banho de atração (7)

INGREDIENTES:
Vindecaá-pajé
Manjerona
Japana branca
Oriza
Chora-nos-meus-pés
Água de chuva
1 xícara pequena de vinho branco

PREPARO: Coloque as ervas com a água numa panela e faça uma maceração. Quando tudo estiver bem macerado, junte o vinho branco.

Banho de atração (8)

INGREDIENTES:
Água
1 punhado de caroços de açaí
1 copo de cachaça
1 colher de chá de canela em pó

PREPARO: Coloque tudo numa vasilha e misture. Passe um pouco no rosto e, com o restante, tome um banho do pescoço para baixo.

Banho para o amor

INGREDIENTES:
1 pedaço de maçã
1 pedaço de mamão
Sumo de um morango
1 pedaço de melão
Água

PREPARO: Bata as frutas no liquidificador. Coe o sumo e jogue no corpo, misturado com um pouco de água. Esse banho só pode ser tomado em noite de Lua Crescente.

Banho para a prosperidade (1)

INGREDIENTES:
Água da chuva
1 pedaço de pau de verônica
7 moedas

PREPARO: Colete em um balde ou bacia a água da chuva. Em seguida, coloque a verônica e as moedas e deixe na natureza por uma noite. Tire as moedas e jogue a água na cabeça. Use as moedas como talismã. Este banho deve ser tomado durante três dias.

Banho para a prosperidade (2)

INGREDIENTES:
7 grãos de açaí maduros
1 garrafa de aguardente (cachaça)
3 pripiocas raladas em uma língua de pirarucu
Raiz de patchuli

PREPARO: Este banho de infusão é preparado colocando-se todos os ingredientes dentro da garrafa de aguardente, que ficará em repouso em um lugar escuro, por 21 dias. Quando você for usar, após seu banho comum, tire uma pequena quantidade da garrafa, dissolva em água e jogue na cabeça.

Banho para a casa e o corpo

INGREDIENTES:
Alecrim
Alfazema
Cominho
Cravo-da-índia
Salsa picada
Folhas de jambu
Folhas de mostarda

PREPARO: Cozinhe os quatro primeiros ingredientes e, em seguida, coloque os outros três. Na casa, lave de fora para dentro e, no corpo, use na cabeça.

Banho para limpeza do corpo

INGREDIENTES:
Tucupi cru
1 pedaço de tabaco de corda
1 pedaço de mamão
1 morango
1 pedaço de melão
1 pouco de água

PREPARO: Bata o tucupi, o tabaco e as frutas no liquidificador. Jogue o sumo no corpo, misturado com a água.

o caldeirão da magia amazônica

Para limpeza da casa

INGREDIENTES:
Tucupi cru
1 pedaço de tabaco de corda
7 dentes de alho
21 folhas de guiné

PREPARO: Misture tudo e deixe macerar por uma noite. Molhe um pano na mistura e, com ele, limpe a casa dos fundos para a frente. Depois jogue o pano fora, em uma encruzilhada.

INCENSOS

Você pode incensar fotos, roupas e objetos. Os ingredientes usados devem ser queimados em um defumador. Os incensos para limpeza de ambientes devem ser usados no sentido de dentro para fora do local, e os de atração, de fora para dentro.

Para quebrar as forças negativas (1)

INGREDIENTES:
Casca de alho
3 tabletes de cânfora
Bálsamo-de-são-tomé

Para quebrar as forças negativas (2)

INGREDIENTES:
Casca de laranja seca
7 espinhos de cuandu
Um punhado de farinha de mandioca

Para quebrar as forças negativas (3)

INGREDIENTES:
Tabaco em pó
Folha de guiné
Um pouco de crina de cavalo

Para quebrar as forças negativas (4)

INGREDIENTES:
1 punhado de milho amarelo
1 pedaço de tabaco de corda
Folhas secas de mangueira caídas no chão

Para quebrar as forças negativas (5)

INGREDIENTES:
1 colher de chá de cânfora moída
1 colher de chá de caroço de uxi ralado

Para quebrar as forças negativas (6)

INGREDIENTES:
7 espinhos de cuandu
7 cipós-d'alho
Sal
Arruda
Farinha de mandioca
Casca moída de um ovo
Pedaços de tabaco de corda
Casca de alho

incensos

Para afastar espíritos (1)

INGREDIENTES:
Casca de uxi
Tabaco em pó
Mirra

Para afastar espíritos (2)

INGREDIENTES:
Raspa de chifre de boi
Mirra
Pimenta-malagueta seca
Olho-de-boi
Manjericão seco
Erva-mate

Para atrair positividade e prosperidade, e para o amor (1)

INGREDIENTES:
8 folhas secas de roseira
1 colher de chá de mel
1 colher de chá de erva-doce

Para atrair positividade e prosperidade, e para o amor (2)

INGREDIENTES:
Açúcar
Folhas de mangueira caídas no chão

Breu-branco
Alfazema
Bálsamo-de-são-tomé
Manjericão seco
Arruda
1 colher de mel

Para atrair positividade e prosperidade, e para o amor (3)

INGREDIENTES:
Folhas de canela
1 colher de chá de noz-moscada ralada
Uma pitada de alúmen

Para atrair positividade e prosperidade, e para o amor (4)

INGREDIENTES:
Raiz de patchuli
Uma fava de baunilha
Uma pripioca ralada

Para atrair positividade e prosperidade, e para o amor (5)

INGREDIENTES:
1 pedaço de casca de laranja
1 pedaço de casca de maçã
1 pedaço de casca de lima

incensos

Para atrair positividade e prosperidade, e para o amor (6)

INGREDIENTES:
2 colheres de olíbano
1 colher de chá de mirra
1 colher de chá de benjoim

Para atrair positividade e prosperidade, e para o amor (7)

INGREDIENTES:
1 colher de açúcar mascavo
1 colher de chá de mel
1 rosa cor-de-rosa

Para atrair positividade e prosperidade, e para o amor (8)

INGREDIENTES:
7 folhas de roseira secas
7 folhas de jasmim
7 folhas de canela

Para atrair positividade e prosperidade, e para o amor (9)

INGREDIENTES:
Folhas de canela
Cravo-da-índia
Benjoim
Olíbano

Para atrair positividade e prosperidade, e para o amor (10)

INGREDIENTES:
1 colher de sobremesa de pó de café
Um punhado de farinha de mandioca
Um punhado de arroz cru

Para atrair positividade e prosperidade, e para o amor (11)

INGREDIENTES:
Alecrim
Milho amarelo moído
Fava de cumaru

PERFUMES

São preparados por infusão: os ingredientes são colocados num solvente (cachaça, água da chuva, água de lavanda, água de colônia, água de chama, água de patchuli etc.), por 21 dias. A garrafa deve ser escura e exposta na natureza.

Para o amor

INGREDIENTES:
½ litro de água de lavanda
3 favas de baunilha
1 rosa vermelha
Água de jiboia
1 figa de guiné

PREPARO: Coloque tudo em infusão em um vidro de boca larga, feche e exponha à natureza. Depois de pronto, use nas dobras de seu corpo. Este perfume é para uso estritamente pessoal.

De romã (da Deusa)

INGREDIENTES:
1 romã
Álcool de cereal
7 cravos-da-índia

PREPARO: Corte a romã em pedaços pequenos, incluindo a casca. Coloque em um vidro de boca larga, com o álcool de cereal e os cravinhos. Este perfume deve ser confeccionado somente pela mulher, na menstruação e nas Luas Cheias.

De maçã

INGREDIENTES:
1 maçã verde
Álcool de cereal
Água

PREPARO: Coloque, em um vidro de boca larga, as cascas da maçã, a água e o álcool. Deixe em infusão por 21 dias. Esta infusão é de uso estritamente feminino.

De rosa

INGREDIENTES:
1 rosa cor-de-rosa
1 figa de guiné
2 pripiocas
½ litro de água
½ de álcool de cereal

PREPARO: Coloque em uma vasilha a rosa despetalada, a figa e a pripioca ralada. Deixe em infusão com a água e o álcool.

perfumes

De atração para negócios (1)

INGREDIENTES:
Água de chama
1 pena de uirapuru
Dinheiro-em-penca
1 moeda lavada com água e sabão

PREPARO: Confeccionar esta infusão em Lua Crescente e macerar as ervas com a mão. Coe e use.

De atração para negócios (2)

INGREDIENTES:
1 garrafa de cachaça
Manjericão
Patchuli
Arruda
Japana
Chama
Catinga-de-mulata
Sândalo

PREPARO: Deixar as ervas em infusão na cachaça. Pode ser espargido (borrifado) no estabelecimento comercial.

De atração para negócios (3)

INGREDIENTES:
1 litro de água de patchuli
7 caroços de ingá-cipó
3 favas de baunilha
3 pripiocas raladas na língua do pirarucu

PREPARO: Misture tudo, macere e use.

De atração para negócios (4)

INGREDIENTES:
2 litros de água da chuva
1 ramo de chama
1 colher de sopa de canela em pó
7 folhas de mostarda
1 ramo de coentro

PREPARO: Coloque os ingredientes dentro de um balde com a água da chuva e macere.

De atração para negócios (5)

INGREDIENTES:
1 vidro de água de chama
1 flor de vindecaá-pajé
1 ramo de jambu com flor

PREPARO: Macere o vindecaá-pajé na água e adicione o ramo de jambu.

MIRONGAS PARA NEGÓCIOS E PROSPERIDADE MATERIAL

Para atrair dinheiro

INGREDIENTES:
18 caroços de açaí verde
Arroz cru
8 moedas
1 tigela branca

PREPARO: Arrume os caroços de açaí na tigela. Cubra com arroz e coloque em cima as moedas, previamente lavadas e enxutas. Coloque em algum lugar da sua casa ou do seu estabelecimento comercial.

Para atrair prosperidade

INGREDIENTES:
1 ímã
1 moeda
1 saquinho de pano verde
Cominho em grãos

PREPARO: Coloque o ímã sobre a moeda dentro do saquinho de pano, junte alguns grãos de cominho, feche-o e use na bolsa.

Para conseguir um aumento de salário

INGREDIENTES:
5 colheres de sopa de fermento em pó
7 moedas
1 prato branco

PREPARO: Coloque o fermento e as moedas no prato. Coloque tudo isto aos pés de uma árvore frondosa, fazendo seu pedido.

Para vencer um inimigo

INGREDIENTES:
1 pote de barro com tampa
Vinho tinto
1 copo de caldo de cana fermentado
1 pedaço de papel com o nome do inimigo escrito

PREPARO: Coloque tudo no pote de barro. Deixe em sua casa, fechado, por sete dias; depois deixe em uma estrada aberta.

Para combater o mau-olhado

INGREDIENTES:
1 ferradura
Alguns pregos enferrujados
Óleo de jacaré

PREPARO: Faça o oleamento da ferradura e dos pregos com o óleo de jacaré. Pregue a ferradura atrás da porta com os pregos.

Para prosperidade

INGREDIENTES:
1 ouriço de castanha-do-pará
Um pouco de arroz
7 colheres de chá de mel
Um pedaço de papel com a data de seu nascimento escrita

PREPARO: Coloque dentro do ouriço: primeiro o papel, depois o arroz e, por último, o mel. Deixe em casa por 24 horas, em um prato com água (por causa das formigas). Depois coloque aos pés de uma árvore frondosa.

Para proteção

INGREDIENTES:
Água solarizada
Carvão

PREPARO: Coloque sempre atrás de sua porta um copo com água solarizada e uma pedra de carvão. Quando o carvão afundar, jogue tudo fora e repita a operação tantas vezes quantas forem necessárias.

Para defesa

INGREDIENTES:
3 colheres de alho (amassado)
3 colheres de café de sal
2 colheres de sopa de azeite de oliva

PREPARO: Misture tudo fazendo uma pasta. Passe o seu dedo indicador direito na mistura e faça cruzes com ele na soleira das portas de sua casa ou de seu estabelecimento.

CHÁS E XAROPES

Para o fígado (1)

INGREDIENTES:
Casca de sacaca
Açoita-cavalo
Boldo

PREPARO: Ferver um pedaço de casca de sacaca, um pedaço de açoita-cavalo e um punhado de boldo em água pura. Tomar duas vezes ao dia.

Para o fígado (2)

INGREDIENTES:
Carqueja
Boldo

PREPARO: Ferver um pedaço de carqueja e algumas folhas de boldo em água. Tomar duas vezes por dia.

Para inflamações femininas

INGREDIENTES:
Amor-crescido
Sucuriju
Verônica

PREPARO: Ferver folhas de amor-crescido e de sucuriju em água. Quando estiver frio, acrescentar casca de verônica.

Para asma

INGREDIENTES:
21 folhas de mangueira caídas no chão
Mel

PREPARO: Faça um chá com as folhas de mangueira e água. Adoce com mel.

Para paralisia facial

INGREDIENTES:
Puçá

PREPARO: Faça um chá com folhas de puçá e água. Tome duas vezes ao dia.

Xarope para tosse (1)

INGREDIENTES:
1 cebola grande
7 cravos-da-índia
1 pedaço de gengibre
4 colheres de sopa de açúcar

PREPARO: Ferva as ervas em água, acrescentando o açúcar no final. Coe e guarde na geladeira. Tome duas vezes ao dia.

Xarope para tosse (2)

INGREDIENTES:
21 folhas de mangueira caídas do chão
Folhas de apií
Folhas de pirarucu
6 colheres de sopa de açúcar

PREPARO: Leve todos os ingredientes ao fogo com água, ferva, coe e leve à geladeira. Tome duas vezes ao dia.

Xarope para tosse (3)

INGREDIENTES:
Entrecasca do tronco de mangueira
Mel

PREPARO: Ferva a entrecasca da mangueira com água e adoce com mel. Coe e guarde na geladeira. Tome uma colher de sopa, uma vez ao dia.

Melador (1)

INGREDIENTES:
Apií
Hortelã de folha grossa
Gengibre
Agrião-do-pará (jambu)

½ cebola
Açúcar
4 xícaras de água

PREPARO: Corte a cebola em rodelas. Coloque todos os ingredientes num recipiente refratário e cubra tudo com bastante açúcar e a água. Leve ao forno. Quando estiver pronto, ponha em um vidro e guarde na geladeira. Tome duas colheres de sopa ao dia.

Melador (2)

INGREDIENTES:
1 limão
Cravo-da-índia
Mel

PREPARO: Coloque em uma frigideira o limão cortado ao meio. Em cima das bandas de limão, espalhe cravinho e mel. Deixe cozinhar. Coma uma colher de chá ou de café três vezes ao dia.

RECEITAS DA ÍNDIA GUAIAMI

RECEITAS PARA O AMOR

Para conquistar o seu amor

INGREDIENTES:
1 cuia-pitinga
7 folhas de guiné
Fios de cabelo ou pedaços de unha do seu amado
Mel de cana

PREPARO: Coloque as folhas de guiné dentro da cuia. Em cima das folhas coloque os cabelos ou unhas do seu amado. Cubra com mel de cana e depois coloque perto de uma roseira.

Para amarrar o seu amor

INGREDIENTES:
1 garrafa de cachaça
1 colher de chá de urucum

o caldeirão da magia amazônica

PREPARO: Ponha o urucum dentro da garrafa de cachaça junto com o resto de comida de uma refeição dele. Tampe a garrafa e jogue no rio.

Para afastar duas pessoas (1)

INGREDIENTES:
Um pedaço de tabaco de rolo
1 folha de bananeira
7 espinhos de cuandu

PREPARO: Escreva os nomes das duas pessoas, um de costas para o outro, na folha de bananeira. Desenrole o tabaco e enrole de novo com a folha de bananeira dentro, prendendo com os espinhos. Quando acabar, coloque em um formigueiro.

Para afastar duas pessoas (2)

INGREDIENTES:
Um punhado de farinha de mandioca
1 pedaço de papel
Sal
1 prato

PREPARO: Bote a farinha de mandioca de molho em água. Escreva os nomes das pessoas no papel, ponha no prato e cubra com a farinha molhada. Coloque sal em cima e deixe na mata ao lado de uma pupunheira (ou outra palmeira, se não existir a pupunheira onde você mora).

receitas da índia guaiami

Para afastar duas pessoas (3)

INGREDIENTES:
Tucupi azedo
1 pedaço de papel
Sal
1 colher de urucum

PREPARO: Coloque o tucupi azedo em uma garrafa. Ponha dentro o papel (com os nomes das pessoas escritos), sal e o urucum. Tampe e enterre de cabeça para baixo.

Para afastar duas pessoas (4)

INGREDIENTES:
1 cuia-pitinga
1 pedaço de papel
Folhas de guiné
Vinagre

PREPARO: Encha a cuia com vinagre. Coloque dentro o papel com os nomes das pessoas escritos. Cubra com folhas de guiné e ponha em uma beira de rio ou de estrada.

Para conquistar alguém

INGREDIENTES:
1 pedacinho pequeno de papel
1 coração de galinha
Mel
1 pratinho

PREPARO: Escreva no papel o nome da pessoa e depois o seu por cima, em cruz. Coloque o papel dentro do coração de galinha, costure, ponha no prato e cubra com mel. Deposite em um jardim.

Para dominar alguém

INGREDIENTES:
1 pedaço de papel

PREPARO: Escreva o nome da pessoa por extenso no papel. Coloque-o embaixo da palmilha do pé esquerdo do seu sapato.

Para ir buscar o pensamento de alguém

INGREDIENTES:
1 fotografia da pessoa ou um pedaço de papel com o nome dela escrito
1 copo de água com mel

PREPARO: Pegue a foto ou o papel escrito e coloque embaixo do copo.

Para fazer duas pessoas ficarem apaixonadas

INGREDIENTES:
Fios do cabelo do homem
Aparas das unhas da mulher
7 lágrimas-de-nossa-senhora

PREPARO: Cave três buracos na terra. Em um deles enterre os cabelo dele; no outro, as aparas das unhas dela e, no terceiro, as lágrimas-de-nossa-senhora.

receitas da índia guaiami

Para melhorar um relacionamento

INGREDIENTES:
1 pedaço de fita vermelha de tamanho igual à sua altura
1 pedaço de fita verde de tamanho igual à sua altura
1 pedaço de fita cor-de-rosa de tamanho igual à sua altura

PREPARO: Na fita vermelha escreva o nome do seu amado; na rosa escreva o seu próprio nome e, na verde, o que você quer que melhore. Amarre as três fitas juntas, fazendo tantos nós quantos forem necessários até que a fita acabe. Depois guarde embaixo do seu travesseiro ou em uma gaveta que ninguém abra.

Para amarrar alguém

INGREDIENTES:
Folhas de tamaquaré
3 pedaços de raiz-de-sol
Folhas de agarradinho
Folhas de amansa
Água de chama

PREPARO: Ponha todas as ervas dentro da água de chama e use no corpo, jogando em cruz.

Amarração da Lua Crescente (1)

INGREDIENTES:
1 pedaço de papel
1 copo virgem
Água
Mel
Óleo de cozinha
1 pires

PREPARO: Encha o copo com água. Escreva o nome da pessoa no papel e coloque dentro do copo. Pingue três gotas de mel, três gotas de óleo de cozinha e tampe com o pires.

Amarração da Lua Crescente (2)

INGREDIENTES:
2 abiús
Aparas das suas próprias unhas
Aparas das unhas do seu amado
1 pedaço de fio tirado de uma corda

PREPARO: Pegue os abiús e abra em duas partes. Coloque dentro de um deles as aparas de suas unhas e, no outro, as aparas das unhas do seu amado. Junte os dois frutos e amarre com o pedaço de fio de corda.

Para ter sempre prosperidade

INGREDIENTES:
7 folhas de louro
7 grãos de feijão moreno
7 pedaços de canela em pau
1 vasilha de barro

PREPARO: Coloque as folhas de louro, os feijões e os paus de canela na vasilha de barro.

receitas da índia guaiami

Magia de amarração dos três fios

INGREDIENTES:
3 fios de cabelo da pessoa amada
3 fios do seu próprio cabelo
Algodão
Álcool
Recipiente de metal

PREPARO: Na primeira noite de Lua Crescente, junte os fios de cabelo e ponha no recipiente. Coloque por cima um pedaço do algodão embebido em álcool e toque fogo.

Encantamento do cigarro

INGREDIENTES:
1 maço de cigarros da marca que a pessoa amada fuma
1 prato branco
1 peça de roupa íntima sua

PREPARO: Tire os cigarros do maço, mas guarde a embalagem. Coloque os cigarros dentro do prato embrulhado com a sua peça íntima, ponha debaixo da sua cama e deixe por uma noite. Depois, recoloque os cigarros na embalagem e dê para ele fumar.

Encantamento da fotografia

INGREDIENTES:
1 fotografia da pessoa amada
1 fotografia sua
1 vela de força cor-de-rosa

PREPARO: Pegue a foto dele, esfregue no seu corpo nu e depois umedeça-a com saliva. Pegue a sua foto e coloque sobre a dele. Acenda a vela em cima das fotos. Quando acabar, pegue as duas fotos na mesma posição e guarde embaixo da sua cama.

ENSINAMENTOS PARA O CORPO E A SAÚDE

Para dor de ouvido

INGREDIENTES:
3 frutos de camapu
Algodão

PREPARO: Esprema os camapus e coloque um algodão embebido com o sumo dentro do ouvido doente.

Para limpar o sangue

INGREDIENTES:
Agrião-do-pará (jambu)
Leite

PREPARO: Faça esta receita uma vez por semana. Soque um raminho de agrião-do-pará no pilão e misture uma colher de café da erva com leite adoçado a gosto.

Para ter um bom parto

INGREDIENTES:
Água de chuva
1 rosa-de-todo-ano
Folhas de vindecaá-pajé

receitas da índia guaiami

PREPARO: Ponha a água de chuva dentro de uma vasilha com a rosa e as folhas de vindecaá-pajé e deixe no sereno. Tome sete banhos na cabeça com essa infusão.

Para ficar bem energizado

INGREDIENTES:
Água
Mel

PREPARO: Tomar em jejum dois dedos de água adoçada com uma colher de mel.

Garrafada para reumatismo

PNGREDIENTES:
Guiné
Marapuama
Eucalipto
Raíz-do-sol
Hortelã
1 garrafa de cachaça

PREPARO: Colocar as ervas dentro da garrafa de cachaça e guardar por uma lua (28 dias), antes de usar.

Para não ter complicações na hora do parto

INGREDIENTES:
7 laranjas-da-terra

o caldeirão da magia amazônica

PREPARO: No último mês de gravidez, pegue as sete laranjas-da-terra, descasque-as e coloque no sereno. Cada dia coma uma em jejum.

Para ter bastante leite

INGREDIENTES:
1 cuia
Açúcar

PREPARO: Tire um pouco do seu leite e coloque na cuia. Adoce e deixe embaixo de um pé de bananeira.

Para ter um bom casamento (1)

INGREDIENTES:
1 chumacinho dos seus próprios cabelos
1 chumacinho dos cabelos do seu noivo ou namorado
1 porção pequena de barro (argila)
1 folha de malvaísco

PREPARO: Faça uma bolinha com o barro e ponha os cabelos dentro. Embrulhe com a folha de malvaísco e deposite embaixo de uma mangueira.

Para ter um bom casamento (2)

INGREDIENTES:
Água de chuva
Melado

PREPARO: Lave os pés e as mãos com água da chuva. Depois ponha um pouco de melado nas mãos e esfregue. Lave novamente as mãos com água de chuva e enxugue-as no seu próprio vestido.

Para ter um bom casamento (3)

INGREDIENTES:
Um objeto para desenhar no chão onde fizer a magia

PREPARO: Faça um círculo no chão e se ponha dentro. Com as mãos para cima, peça vida longa; com as mãos no peito, peça felicidade e, com as mãos no chão, peça fartura.

Para ter um bom casamento (4)

INGREDIENTES:
1 rosa-de-todo-ano
1 ramo de manjericão
1 fava de cumaru

PREPARO: Na noite de Lua Cheia, ponha atrás da orelha direita a rosa, na orelha esquerda o ramo de manjericão e perto do seio a fava de cumaru. Saia ao tempo pedindo o que quer alcançar.

Para afastar espíritos (1)

INGREDIENTES:
1 folha de bananeira seca

PREPARO: Faça uma trança com a folha de bananeira e coloque embaixo do lugar onde dorme.

Para afastar espíritos (2)

INGREDIENTES:
Carvão
Caroço de uxi
Mel de cana

PREPARO: Faça um braseiro e dentro ponha raspa de caroço de uxi com mel de cana.

Para afastar espíritos (3)

INGREDIENTES:
Carvão
Chifre de boi
Espinhos de cuandu

PREPARO: Faça um braseiro e coloque nele raspas do chifre de boi e alguns espinhos de cuandu.

Para afastar espíritos (4)

INGREDIENTES:
7 penas de galinha preta
1 prego, de preferência enferrujado

PREPARO: Faça um braseiro e coloque dentro as penas de galinha preta e o prego.

Para afastar espíritos (5)

INGREDIENTES:
I cuia ainda verde
Carvão
Folha seca de maracujá
Folha seca de seringueira
Sal grosso

PREPARO: Abra a cuia e tire toda a massa. Dentro da cuia coloque carvão em brasa e em cima jogue folha seca de maracujá, folha seca de seringueira e sal grosso.

Para afastar o espírito de uma pessoa falecida

INGREDIENTES:
Uma fotografia ou um papel com o nome da pessoa escrito
I vela comum
I alguidar

PREPARO: Ponha o nome ou a foto da pessoa embaixo do alguidar. Acenda a vela por cima, dentro do alguidar.

Para afastar mau-olhado (1)

INGREDIENTES:
3 ouriços de castanha-do-pará
Folhas de guiné
Um pedaço de comigo-ninguém-pode
Um pedaço de entrecasca de mangueira

PREPARO: Junte os três ouriços. Encha com uma infusão de guiné, comigo-ninguém-pode e entrecasca de mangueira. Deixe em um canto da casa.

Para afastar mau-olhado (2)

INGREDIENTES:
Óleo de mutamba
Sal

PREPARO: Ferva o óleo com sal. Encruze todas as portas com a mistura.

ALQUIMIA DOMÉSTICA

Alquimia é o ato de transformar, de mudar as coisas para nosso uso e bem-estar. A alquimia doméstica é a maneira simples de usar materiais, plantas, ervas e frutas do cotidiano, que estão em sua volta, na sua casa, no seu quintal, e que você transforma em remédios simples, baratos e eficazes.

As receitas aqui apresentadas fazem parte da sabedoria tradicional dos curandeiros e curandeiras do interior do Brasil. Mas todos nós sabemos que saúde é coisa muito séria. As receitas da medicina caseira servem para ajudar o tratamento, e nunca devem substituir a busca de atendimento médico especializado para fazer o diagnóstico certo e prescrever a medicação necessária.

ABSCESSOS Faça um cataplasma de mel quente, se possível com farinha de trigo.

ALBUMINA NA URINA (1) Faça um chá do caule do milho

ALBUMINA NA URINA (2) Descasque uma laranja-da-terra e ponha no sereno durante a noite toda. De manhã, chupe a laranja em jejum.

o caldeirão da magia amazônica

AFTAS Ferver 1 ou 2 batatas-doces em meio litro de água; bochechar com essa água 3 a 4 vezes por dia.

ALCOOLISMO (para a pessoa enjoar do álcool) Ralar uma batata-inglesa pequena com casca, tirar o suco e pingar 3 gotas no copo da bebida.

ASMA Colocar em um vídro o suco de 9 limões. Lavar um ovo com água e sabão, quebrar e colocar, com casca e tudo, dentro do vidro. No dia seguinte, bater no liquidificador, coar e juntar 2 kg de açúcar. Ferver em ponto de xarope e acrescentar meio copo de mel. Tomar 1 colher de sobremesa, 3 vezes ao dia.

ANEMIA (1) Bata no liquidificador algumas sementes de urucum, esprema para tirar o sumo e ponha-o em um vidro na geladeira. Coloque 7 gotas em um pouco de água e tome uma vez ao dia.

ANEMIA (2) Bata no liquidificador folhas de agrião e meia beterraba. Tome duas vezes ao dia.

ANEMIA (3) Ferva um pariri. Depois de fervido, acrescente algumas cascas de pau de verônica e tome 3 a 4 xícaras ao dia.

ANEMIA (4) Coma pelo menos uma vez ao dia uma castanha-do-pará.

ANEMIA (5) Ralar um caroço de abacate e colocar em água. Picar um pedaço de verônica, juntar ao abacate e deixar em infusão por 4 horas. Tomar como água.

ANOREXIA (FALTA DE APETITE) (1) Cozinhar folhas de jambu e comer à vontade.

ANOREXIA (FALTA DE APETITE) (2) Cortar salsinha, misturar com limão e acrescentar uma pitada de sal. Colocar sobre o arroz da refeição.

alquimia doméstica

ANOREXIA (FALTA DE APETITE) (3) Mastigue um ramo de salsa respingada com gotas de limão.

AZIA Faça um chá de folhas de louro. Quando estiver fervendo, jogue dentro uma colher de chá de pó de café e uma colher de sumo de limão. Adoce com mel.

BAQUES (1) Esquentar folhas de pirarucu, amassar, colocar no local e enfaixar.

BAQUES (2) Soque arnica-do-campo com óleo de andiroba e acrescente um pedaço de cabacinha. Passe no local machucado.

BAQUES (3) Faça uma pasta com folhas de puçá, gergelim e óleo de andiroba. Passe no local afetado.

BEXIGA (CISTITE) Ferver um punhado de raiz de alfavaca em 1 litro de água; tomar 4 vezes ao dia.

BRONQUITE Ferver uma cabeça de cebola com um dente de alho e um copo de água, até reduzir. Acrescentar 1 colher de sopa de sumo de limão e 2 colheres de mel. Guardar em um vidro tampado na geladeira. Tomar uma colher de sopa 4 vezes ao dia (dose para adultos).

BURSITE Coloque, em 1 litro de álcool, folhas ou cascas de abricó e eucalipto. Deixe em infusão por 21 dias e depois use.

CABELOS (FORTIFICANTE) Bater no liquidificador babosa com gema de ovo e passar no cabelo.

CABELOS (QUEDA) Fazer um chá de folha de goiabeira e lavar o cabelo com ele.

CALMANTE (1) Ferver 3 folhas de erva-cidreira em uma xícara de água.

o caldeirão da magia amazônica

CALMANTE (2) Ferver a raiz da alface em uma xícara e água.

CALOS Cortar alho em fatias, colocar no calo e prender com esparadrapo.

CICATRIZAR FERIDAS (1) Passe óleo de copaíba no local ferido.

CICATRIZAR FERIDAS (2) Faça um chá com casca de cajueiro, folhas de copaíba e um copo de vinho. Banhe o local do ferimento com o líquido.

COLESTEROL ALTO Coloque as sementes de meia cachopa de urucum em um copo de água e deixe em infusão por uma noite. Tome em jejum no dia seguinte. Repita durante dois meses.

CÓLICA MENSTRUAL (1) Faça um chá com folhas de elixir-paregórico e, quando estiver pronto, coloque na xícara uma colher de café de manteiga. Tome ainda quente.

CÓLICA MENSTRUAL (2) Ferva um punhado de salva-do-marajó em uma xícara de água e tome de hora em hora, até passar a dor.

CÓLICA DE RECÉM-NASCIDO Ferver 4 a 5 folhas de hortelã-de-panela em um copo de água.

CORAÇÃO Ferver, em 2 litro de água, folhas de carmelitana e flor de laranjeira. Tomar uma xícara 3 vezes ao dia.

DENTE (DOR) Amasse um dente de alho e embrulhe-o em um pedaço de algodão; coloque no ouvido do mesmo lado do dente dolorido.

DESIDRATAÇÃO (SORO CASEIRO) Em um copo com água adicione uma colher de sobremesa de açúcar e uma colher de café de sal.

alquimia doméstica

DIABETES Torre sementes de laranja até formar uma farinha. Coloque uma pitada em meio copo de leite ou suco e tome às refeições.

DIARREIA (1) Ralar uma batata de marupazinho e colocar em água. Tomar em pequenos goles.

DIARREIA (2) Torre um caroço de manga junto com erva-doce e soque até virar pó. Tome, pela manhã e à noite, um copo de água com uma colher de chá desse pó.

DIARREIA INFANTIL Faça um chá com brotinhos de goiabeira e casca de maçã.

DOR DE CABEÇA Colocar uma batata-inglesa no congelador. Quando estiver gelada, cortar em tiras e colocar na testa.

DOR DE OUVIDO Pilar trevo-roxo com leite de peito, coar e colocar o sumo no ouvido.

ENJOO DE GRAVIDEZ Pegue um limão bem verde e amasse para soltar a resina. Aspire o limão antes das refeições ou quando se sentir enjoada.

ESTÔMAGO (1) Ferver um pouco de casca-preciosa e de laranja em água. Tomar em seguida.

ESTÔMAGO (2) Rasgar algumas folhas de espinheira-santa e deixar em infusão em um copo de água. Tomar duas vezes ao dia.

ESTÔMAGO (3) Fazer um chá com 1 pedaço de casca de laranja, 1 pedaço de casca-preciosa e 1 folha de canela em 1 copo de água.

ESTÔMAGO (4) Bata no liquidificador uma batata-inglesa com casca, 2 folhas de couve e 3 copos de água. Coe e tome em jejum uma colher de sobremesa misturada com dois dedos de leite.

ESPORÃO DO CALCANHAR Dissolver em banho-maria uma vela de sebo e misturar 1 colher de óleo de andiroba para formar uma pasta. Friccionar o local.

FARINGITE Colocar, em uma panela, 1 xícara de mel, um pedaço de gengibre, 2 dentes de alho, 1 cebola pequena, cravo-da-índia e sumo de um limão. Ferver e guardar. De hora em hora, colocar sobre a língua 1 colher de café da mistura e deixar dissolver na boca.

FRIEIRA (1) Ferver umas 10 folhas de salsa-brava em 1 litro de água. Banhar os pés.

FRIEIRA (2) Esmague uma cebola fresca para extrair o sumo, misture vaselina líquida e esfregue duas vezes ao dia.

FÍGADO Ferver um galhinho de amor-crescido com casca de laranja em uma xícara de água. Tomar duas vezes ao dia.

GARGANTA (GARGAREJO) Misturar água morna com limão, romã e sal.

GASES Tomar chá de erva-doce, hortelã ou alfavaca.

GASES ESTOMACAIS Coloque para ferver sementes de anis (erva-doce) com um dente de alho. Adoce o chá com uma colher de mel de abelha.

GRIPE Tomar chá de limão com alho.

HEMORRAGIA Fazer compressas de água gelada.

HEMORROIDAS (1) Pegue uma bacia com água morna, coloque um pouco de sal e casca de ipê-roxo. Tome um banho de assento.

alquimia doméstica

HEMORROIDAS (2) Ferva 21 folhas de mangueira caídas no chão, um pedaço de cedro e folhas de pinhão-roxo. Quando estiver morno, ponha um pouco de sal e faça um banho de assento.

HEMORROIDAS (3) Faça um chá com vassourinha-de-botão e casca de ipê-roxo. Tome três vezes ao dia.

HEPATITE Tomar água do ouriço de uma castanha-do-pará.

HIPERTENSÃO (PRESSÃO ALTA) (1) Ferver 1 colher de sopa de alpiste em 1 litro de água. Tomar uma xícara 4 vezes ao dia.

HIPERTENSÃO (PRESSÃO ALTA) (2) Esmague três dentes de alho em um copo de água; coloque dentro as cascas de um chuchu. Tome em jejum, três vezes na semana.

HIPOTENSÃO (PRESSÃO BAIXA) Tomar leite morno com uma pitada de sal.

IMPOTÊNCIA (1) Bater no liquidificador 3 ovos de pata, um pedaço de goiabada, 2 colheres de sopa cheias de queijo ralado, 1 copo de vinho do Porto, 1 colher de chá de canela em pó, cascas de catuaba e de marapuama e uma lata de leite condensado. Coe e guarde na geladeira. Tome duas colheres de chá uma vez ao dia.

IMPOTÊNCIA (2) Enterre um prego de aço numa cebola e deixe-a no sereno, embrulhada em um pano. No dia seguinte, tire o prego da cebola e enterre-o. Com a cebola, tempere um prato bem gostoso.

INTESTINO PRESO Após comer ou beber, lave a vasilha mas não enxugue: deixe secando de cabeça para baixo.

INSÔNIA Faça um chá de camomila e, depois de fervido, acrescente folhas de alface.

o caldeirão da magia amazônica

MENOPAUSA (CIRCULAÇÃO) Bata um pepino com meio liquidificador de água. Coe e tome como suco.

MENSTRUAÇÃO (REGULADOR) Ferver 2 folhas secas de abacateiro em ½ litro de água.

NÁUSEAS Ferver um punhado de folhas de hortelãzinho em ½ copo de água.

OUVIDO (DOR) Soque em um pilão pequeno algumas folhas de pinhão-roxo; depois misture o sumo com um pouco de leite materno e coloque no ouvido em um pedaço de algodão.

OUVIDO (ZUMBIDO) Esprema o suco de um pedaço de cebola, coloque em um pedaço de algodão e ponha atrás da orelha que está com problema.

OSTEOPOROSE Torre no forno 8 cascas de ovo de galinha, soque até virar farinha e coma uma colher de café no almoço e no jantar. Pode ser misturado à comida.

OVÁRIO Ferver 7 folhas de sucuriju em 1 litro de água.

PARALISIA FACIAL Ferver folhas de puçá com um pouco de gergelim. Tomar umas 3 xícaras durante o dia.

PÉS (ODOR) Esprema três limões; juntar uma colher de bicarbonato de sódio e uns pingos de patchuli. Deixar seus pés nesta infusão duas vezes na semana.

PICADA DE COBRAS Faça um emplastro de mostarda, alho, arruda e alguns pingos de querosene e coloque em cima do local picado.

QUEIMADURAS (I) Pegue uma folha de babosa, corte-a ao meio e coloque em cima da parte atingida.

alquimia doméstica

QUEIMADURAS (2) Moa 7 castanhas-do-pará até virar pó; misture 1 colher de chá de mel e 1 colher de sopa de leite condensado para formar uma pasta. Passe em cima da queimadura.

QUEIMADURAS (3) Rale uma cenoura e misture 1 colher de sopa de creme de arroz e 1 copo de iogurte gelado. Faça compressas e coloque na parte queimada.

REUMATISMO Rale um caroço de abacate e um pedaço de marapuama; coloque em 1 litro de álcool com folhas de eucalipto. Deixe em infusão por 21 dias. Use para massagear.

RINS Faça um chá com folhas de quebra-pedra, de abacate e de canarana. Tome à vontade.

SARAMPO Chá de folhas de sabugueiro.

SARDAS Em um pilão pequeno, soque manjericão com 2 colheres de chá de água oxigenada cremosa (20 volumes) até formar uma pasta. Passe a pasta nos locais com sarda, deixe 10 minutos e retire com bastante água. Enxugue.

SINUSITE Ferver eucalipto e bucha-de-marajó em uma chaleira. Levar a chaleira tampada para o quarto e deixar sair o vapor da infusão pelo bico.

SOLUÇO Amassar 10 cravos-da-índia e ferver em água. Tomar em pequenos goles.

TOSSE (1) Ferver uma xícara de água com folhas de limãozinho e casca de cebola. Coar e tomar.

TOSSE (2) Ferva entrecasca de mangueira, hortelã de folha grossa, folhas de eucalipto, uma cebola pequena e uma xícara de açúcar. Quando estiver frio, tome duas vezes ao dia.

UNHAS (FORTIFICANTE) Esprema o suco de um limão em uma vasilha, coloque um pouco de azeite e deixe suas unhas imersas no líquido por 10 minutos.

VERMINOSE Faça um chá com sementes de jerimum.

CULINÁRIA ESOTÉRICA

BEBIDAS MÁGICAS

Licor afrodisíaco (1)

INGREDIENTES:
6 gemas
25 g de açúcar
¾ de uma garrafa de conhaque

PREPARO: Coloque as gemas em uma panela pequena e acrescente o açúcar. Ponha a panela em banho-maria e, ao mesmo tempo, bata com a batedeira manual no fogo até branquear. Retire do fogo, deixe esfriar um pouco e só então acrescente o conhaque. Guarde o licor em uma garrafa azul.

Licor afrodisíaco (2)

INGREDIENTES:
500 g de polpa de bacuri
½ litro de álcool de cereal
½ kg de açúcar

o caldeirão da magia amazônica

PREPARO: Coloque a polpa no vidro do álcool, onde ficará por 20 dias. Depois prepare uma calda de açúcar, junte ao álcool com o bacuri, filtre e engarrafe numa garrafa branca.

Licor afrodisíaco (3)

INGREDIENTES:
½ kg de castanha-do-pará
1 kg de açúcar
1 litro de álcool de cereal

PREPARO: Faça uma calda com o açúcar, junte a castanha e, por fim, o álcool. Deixe em infusão por oito dias, sacudindo diariamente. Filtre e engarrafe em garrafa escura.

Licor de rosas

INGREDIENTES:
Rosas de perfume intenso, já desabrochadas
Açúcar
Álcool a 80 graus
Um boião de boca larga com tampa

PREPARO: Pese o boião ainda vazio; anote o peso. Despetale as rosas dentro do boião, intercalando com açúcar. Feche o vidro e exponha-o ao sol por 10 dias. Pese novamente o boião. Subtraia do peso encontrado o peso do boião vazio (que havia anotado antes), para obter o peso só do açúcar com as pétalas. Coloque uma quantidade de álcool igual a esse peso do açúcar e das pétalas. Após dois dias, filtre o licor em papel de filtro e transfira-o para a garrafa definitiva. As pétalas que foram usadas serão recobertas com mais álcool. Depois de dois dias, filtre o líquido das pétalas e adicione-o ao licor.

Champanhe dos amantes

INGREDIENTES:
½ kg de açúcar
3 litros de água mineral sem gás
½ kg de uva-passa branca

PREPARO: Coloque em infusão, por 15 dias, todos os ingredientes juntos. Coe em um pano limpo, apertando bem. Engarrafe tampando com uma rolha nova e deixe por 30 dias em infusão.

Elixir da virilidade

INGREDIENTES:
3 ovos de pata
Açúcar
Vinho moscatel
Canela em pó
Casca de laranja

PREPARO: Bater bem os ovos com açúcar e vinho. Ferver com uma colher de chá de canela e um pedaço de casca de laranja. Tomar um cálice antes de dormir.

Vinho de amarração

INGREDIENTES:
1 copo de vinho de açaí
1 prego de ferro

PREPARO: Aqueça o prego até ficar em brasa. Enfie-o no vinho para ferrar o líquido. Depois dê para a pessoa tomar em uma cuia-pitinga.

Para segurar alguém

INGREDIENTES:
1 maçã
Mel

PREPARO: Ponha a maçã no sereno de véspera. No outro dia, bata a fruta no liquidificador com uma colher de chá de mel. Dê para seu amado tomar gelado, em um copo virgem.

Leite afrodisíaco

INGREDIENTES:
Café solúvel
1 xícara de leite quente
Canela em pó
Água de chuva

PREPARO: Misture uma colher de chá do café solúvel, o leite e uma colher de café de canela. Desmanche tudo em um pouco de água de chuva e dê para o seu amado tomar bem quentinho.

Refresco do amor

INGREDIENTES:
1 manga bem madura
1 copo de água
3 colheres de chá de mel
1 coco verde

PREPARO: Descasque a manga e amasse a polpa com as mãos junto com a água. Junte o mel e faça um sumo grosso. Coloque esse sumo dentro do coco verde sem água e deixe na geladeira *culinária esotérica*

por 24 horas. Depois dilua com água normal e dê para beber feito suco.

COMIDA DA BRUXA

Sorvete de amarração

INGREDIENTES:
5 bacuris
1 lata de leite condensado
3 claras em neve
1 colher de chá de raspa de casca de laranja
5 pedaços de papel

PREPARO: Corte os bacuris ao meio, retire a massa e reserve a casca. Bata a polpa no liquidificador com os outros ingredientes. Reserve um pouco e ponha o restante para gelar. Escreva o nome do seu amado nos papéis e coloque cada um dentro de uma das cascas de bacuri. Cubra com o creme e tampe com a outra metade da casca. Deposite aos pés de uma árvore frondosa.

Maçãs do amor

INGREDIENTES:
3 maçãs
Mel
3 pedaços grandes de papel alumínio
Canela em pó

PREPARO: Pegue três maçãs, corte uma tampa na horizontal em cada maçã. Cave o centro de cada uma, coloque dentro três colheres de mel e torne a tampar. Escreva o nome do seu amado oito vezes em cada um dos três pedaços de papel alumínio. Enrole cada maçã em um dos pedaços de papel e leve-as ao forno. Quando estiverem assadas, tire o papel, polvilhe canela em pó e sirva para a pessoa amada.

Pastel de amor

INGREDIENTES:
2 xícaras de chá de farinha de trigo
1 colher de chá de sal
Água de chuva
3 colheres de sopa de óleo vegetal
1 fotografia da pessoa amada
1 porção de recheio de pastel da sua preferência
Óleo para fritar

PREPARO: Coloque a água de chuva para gelar e exponha os outros ingredientes na natureza, de um dia para o outro. No dia seguinte, na hora de fazer os pastéis, pegue um alguidar de barro e coloque na mesa, pondo embaixo dele a foto da pessoa. Peneire a farinha no alguidar, coloque o sal, adicione a água e amasse sovando bem. Deixe descansar por uns 30 minutos. Abra a massa com o rolo, formando um retângulo. Pincele toda a superfície da massa com óleo e dobre em três; a cada dobradura que fizer, repita o nome do seu amado. Terminando, polvilhe com farinha de trigo. Torne a passar óleo e abra a massa novamente, cuidando para que fique bem fina. Corte em rodelas e recheie. Feche bem, umedecendo as beiradas com água, e frite em óleo quente. Só tire a foto de debaixo do alguidar quando tudo estiver terminado.

culinária esotérica

Salada para prender marido

INGREDIENTES:
300 gramas de feijão-fradinho
Sal
Azeite de oliva
Cebola
Salsa
Pimentão
1 maçã
1 xícara de frango cozido e desfiado
½ xícara de maionese

PREPARO: Cozinhe bem o feijão, escorra nas costas da camisa do seu amado e reserve. Refogue o frango desfiado em azeite. Faça uma salada com todos os temperos e acrescente a maçã cortada em pedaços bem pequenos e o frango. Junte o feijão-fradinho, misture e dê para ele comer, de preferência em uma mesa bem bonita. Junte um pouco de sobra do prato dele, coloque em um pequeno embrulhinho e jogue em um gramado.

Fisgação

INGREDIENTES:
1 tucunaré inteiro
1 pedaço de papel alumínio

PREPARO: Compre um tucunaré, limpe-o bem e depois abra a barriga no sentido horizontal. Escreva seu nome no papel alumínio, coloque-o dentro da barriga do peixe e leve ao forno. Quando estiver assado, você tira o papel e serve o peixe inteiro com salada de legumes.

Pirarucu do amor

INGREDIENTES:
1 porção de pirarucu em lascas
Farinha de mandioca
Leite de castanha-do-pará
1 banana-da-terra
Temperos a gosto

PREPARO: Frite as lascas de pirarucu; depois desfie e refogue com todos os temperos que desejar. Faça uma farofa com a farinha e o leite de castanha-do-pará. Escreva o nome dele na casca da banana e leve-a ao forno. Quando estiver assada, corte em pequenas tiras. Arrume em uma travessa, em camadas, a farofa, o pirarucu e a banana. Antes de servir, coma um pouco e guarde uma pequena sobra do seu prato. Depois de servir ao seu amado, junte o resto do prato dele ao seu e deposite aos pés de uma roseira.

Arroz para segurar

INGREDIENTES:
Arroz
3 maços de jambu
½ kg de camarão seco
Tucupi

PREPARO: Meça a quantidade de arroz de que vai precisar. Reserve algumas folhas de jambu cruas e cozinhe o restante. Refogue o camarão. Ponha o arroz na panela. Em vez de água, junte a quantidade adequada de tucupi, que foi coado na camisa dele. Coloque o camarão e o jambu cozido. Tampe e deixe cozinhar. Sirva bem quentinho. Junte os restos do prato dele ao jambu que você não ferveu e enterre aos pés de uma árvore bem frondosa.

RECEITAS PARA A BELEZA

Para os joelhos e cotovelos

INGREDIENTES:
2 colheres de sopa de pedra-pomes esfarelada
1 colher de sopa de água oxigenada de 20 volumes
1 colher de sopa de água
1 colher de sopa de leite de castanha-do-pará

PREPARO: Misture tudo e friccione como esfoliante por 15 minutos. Depois de deixar na pele por 10 minutos, lave e passe um pouco de óleo de amêndoas doces.

Para os pés e as mãos

INGREDIENTES:
4 colheres de sopa de óleo mineral
1 colher de sopa de água
1 colher de sopa de mel
Suco de ½ limão
1 colher de chá de açúcar granulado

o caldeirão da magia amazônica

PREPARO: Misture tudo e friccione os pés e as mãos. Depois lave com sabonete de lanolina.

Para o colo e os seios

INGREDIENTES:
2 colheres de sopa de óleo mineral
2 colheres de açúcar refinado
2 gotas de essência de patchuli

PREPARO: Misture tudo e aplique massageando de fora para dentro e de baixo pra cima. Enxague com água fria.

Para peles sem vida

INGREDIENTES:
1 banana-prata
1 colher de sopa de mel

PREPARO: Amasse a banana, misture o mel e passe no rosto, deixando por 20 minutos. Depois lave com bastante água.

Para peles sensíveis (1)

INGREDIENTES:
1 caqui
1 colher de sopa de iogurte

PREPARO: Amasse o caqui, junte o iogurte e aplique no rosto, deixando por 20 minutos.

Para peles sensíveis (2)

INGREDIENTES:
1 pera-d'água
1 colher de sopa de mel

PREPARO: Amasse a pera, misture o mel e coloque na geladeira. Aplique gelada.

Para peles secas

INGREDIENTES:
1 abacate
1 colher de sopa de mel
1 colher de chá de levedo de cerveja em pó

PREPARO: Amasse o abacate. Junte o mel e o levedo. Aplique com uma gaze, deixe por alguns minutos e depois retire com água morna.

Máscara para o rosto

INGREDIENTES:
Um pouco de açúcar refinado
1 colher de sopa de mel
1 colher de sopa de sumo de pepino
1 sabonete neutro

PREPARO: Faça um creme misturando o açúcar, o mel e o sumo de pepino com a espuma do sabonete. Massageie o rosto e depois lave com bastante água.

Máscara para peles manchadas

INGREDIENTES:
5 g de talco branco
Sumo de pepino
1 colher de sopa de iogurte
1 colher de sopa de mel

PREPARO: Misture tudo e aplique no rosto por 15 minutos.

Máscara de castanha-do-pará

INGREDIENTES:
10 castanhas-do-pará
½ xícara de água
1 clara de ovo

PREPARO: Bata no liquidificador as castanhas-do-pará com a água. Coe o sumo e misture com a clara bem batida. Aplique no rosto e, depois de alguns minutos, lave com bastante água fria.

Máscara marajoara

INGREDIENTES:
Argila
4 colheres de sopa de água gelada
1 colher de sopa de sumo de jambu
1 colher de sopa de sumo de castanha-do-pará

PREPARO E USO: Misture a argila com água, aos poucos, até que fique pastosa. Adicione então os sumos. Aplique na pele, deixe alguns minutos e depois lave com bastante água fria.

receitas para a beleza

Máscara contra cravos

INGREDIENTES:
1 colher de sopa de maisena
1 colher de café de bicarbonato de sódio
1 limão

PREPARO: Misture a maisena com o bicarbonato e o suco do limão. Passe no rosto e deixe por aproximadamente 20 minutos. Lave com bastante água.

Máscara amaciante

INGREDIENTES:
1 cenoura média
2 colheres de chá de maisena
2 colheres de sopa de azeite de oliva

PREPARO: Rale a cenoura. Misture a maisena e o azeite. Aplique no rosto, deixando por 20 minutos. Lave com sabonete e enxague bem com água.

Loção refrescante

INGREDIENTES:
2 xícaras de vinagre de maçã
2 colheres de sopa de pétalas de rosa
1 xícara de água de rosas

PREPARO: Misture o vinagre com as pétalas de rosa. Deixe curtir em um frasco fechado por quatro semanas, coe e adicione a água de rosas.

Loção refrescante para pele oleosa

INGREDIENTES:
2 colheres de sopa de alecrim
dois terços de xícara de água
1 clara de ovo
1 colher de sopa de suco de limão

PREPARO: Faça um chá com o alecrim e a água. Coe e misture com a clara batida e o suco de limão.

Creme de erva-doce para as mãos

INGREDIENTES:
1 colher de sopa de erva doce
½ xícara de água
2 colheres de sopa de glicerina
2 colheres de sopa de alfazema

PREPARO: Faça um chá forte com a erva doce e a água. Coe. Numa panela, junte ao chá coado a glicerina e a alfazema. Mexa em fogo brando até que a mistura fique bem cremosa.

Creme para o pescoço

INGREDIENTES:
1 maçã
1 copo de leite gelado

PREPARO: Amasse a maçã e adicione a esta massa o leite gelado até formar uma pasta. Aplique no colo e no pescoço.

Xampu caseiro de patchuli

INGREDIENTES:
100 g de sabão de coco
2 gemas de ovos
½ litro de água
Essência de patchuli
1 folha de gelatina incolor

PREPARO: Rale o sabão e derreta-o em água fervida. Deixe esfriar. Bata as gemas e junte ao sabão. Acrescente a gelatina e algumas gotas da essência de patchuli. Guarde em pote bem fechado.

ORAÇÕES, REZAS E BENZIMENTOS

Oração do amor

Tens Deus contigo e tens a verdade, conhece-o agora e terás paz, e assim sobrevir-te-á o bem. Aceita, peço-te, a lei da sua boca e põe as suas palavras no teu coração; tu orarás e ele te ouvirá. Decretarás algo e isto te será concedido, e a luz brilhará em teus caminhos.

Que a chama poderosa dos raios cósmicos me ajudem através do meu merecimento, do amor, da transformação para o bem de tudo que se encontre desarmonizado, criando entre eu e ... (dizer o nome da pessoa) um campo magnético e salutar. Que ele fique totalmente desorientado enquanto não entrar na minha sintonia de força e de poder. Eu posso, eu creio, eu consigo.

Oração ao Sol

Sol, forte e poderoso rei, que teus raios queimem todas as negatividades, aborrecimentos, invejas e vibrações negativas.

Que ao levantar tu me tragas saúde, prosperidade e energia; e ao deitar tu leves contigo todas as maldades.

Sol poderoso, rei do universo, que eu possa ainda por muitos anos assistir ao teu nascer, e que a cada dia eu possa sentir mais a tua presença me iluminando, me protegendo e me fortificando com a tua força e a tua luz.

Oração à Lua

Senhora do mundo, deusa trina e mãe poderosa, que a força de teus raios possam abrir todos os meus campos energéticos. Que na Lua Nova tu me tragas novidades e abundância; que na Lua Crescente tu me tragas prosperidade, alegria e sucesso; que na Lua Cheia tu me tornes poderosa e forte; e que na Lua Minguante tu derretas todas as maldades em minha volta, que cortes as vibrações negativas e os trabalhos feitos por encarnados e desencarnados.

Grande mãe, grande Deusa, que a tua poderosa luz esteja sempre me iluminando e me protegendo por toda a vida e a eternidade.

Oração ao Vento

Vento, vento, entra na casa onde está ... (dizer o nome da pessoa). Quatro cantos tem a casa, quatro baques dará no coração de ... Que ele se lembre de mim ..., se estiver com outra mulher, dela aborrecerá e esquecerá, só de mim se lembrará, com amor e saudade no coração. Vento, vento, vento, entra invisivelmente no corpo, no coração e no pensamento de ... Se ele estiver se lembrando de outra mulher sem ser eu, carrega essa lembrança pelos ares, para o mar, para as matas e as montanhas, para que não possa mais voltar ao seu coração, ao seu pensamento, para que não se lembre mais dela. Vento, vento, vento, do mar, da terra, dos ares, das montanhas, que desinquietais as águas, as árvores, as folhas, as nuvens, assim quero que desinquietes o coração, o pensamento e o espírito de ... para vir estar comigo aqui e agora.

Oração das estrelas (para amansar alguém)

Valei-me estrelas poderosas que são nove, juntem-se todas e vão dar nove abalos no coração de ... (dizer o nome). Se ele estiver comendo, não comerá; se ele estiver bebendo, não beberá; se estiver dormindo, acordará. Valei-me, estrelas poderosas, onde ... estiver, ele não terá sossego enquanto não vier, brando e calmo, falar comigo. Valei-me, estrelas poderosas, que a vossa luz ilumine o coração, corpo e pensamento de ... para que fique manso como um cordeiro. Com a vossa luz e a vossa força eu estarei segura, pois sei que quando ... voltar será debaixo da luz das estrelas poderosas. Amém.

Oração da força do Sol

A tua força pouco a pouco vai dissipando a alva neblina que a noite deixou descer e lentamente tua luz vai iluminando o planeta Terra, até torná-lo pleno de luz. Ao meio-dia, voltando para a tua claridade, banhando na tua luz e sentindo o teu calor aquecer suavemente o meu corpo, volto a ti, amado Aton, pensamentos de amor e de fé, solicitando nesse instante a poderosa força cósmica que habita na chama do seu poder, que me conceda a graça de alcançar o indispensável à minha felicidade que é ... (dizer o nome da pessoa). Que a tua força e energia renovem as minhas células, assim como o calor do teu fogo tão poderoso queime todas as larvas negativas que perturbam meu caminho. Permite, ó espírito do infinito, que todos os males sejam dissipados pelo teu poder e que contigo sejam transportados aos locais longínquos onde tu te recolhes, lá bem longe, onde não possam entristecer nem magoar nenhum outro ser vivente. És Deus em forma de luz e em ti repousarei esse meu dia que será pleno de alegria, felicidade, justiça, amor e saúde.

Oração a São Cipriano

São Cipriano, que pela causa divina te converteste à fé de nosso senhor Jesus Cristo, tu que possuíste os mais altos segredos de magia, constrói à minha volta uma couraça contra os meus inimigos e suas ações nefastas. Pelo merecimento que alcançaste perante Deus, criador do Céu e da Terra, anula as obras malignas, frutos do ódio ou trabalhos que corações emperdenidos tenham feito ou venham fazer contra mim ou contra minha casa ou trabalho. Com a permissão do altíssimo senhor meu Deus, atende a minha prece e vem em meu socorro.

Oração da cura

Teu nome é minha cura, ó meu Deus, e lembrar-me de ti é o meu remédio. Tua proximidade é a minha esperança, e o amor que te dedico, meu companheiro. Tua misericórdia por mim é a minha cura, o meu socorro, tanto neste mundo como no outro. Tu em verdade és o todo generoso, o onisciente e a suprema sabedoria.

Oração contra bruxos e feitiçarias

Que as forças benditas do cosmo, pela graça divina, pelos elementos da natureza, água, fogo, terra e ar, que possuem as forças, constituam agora o refúgio para mim contra meus inimigos e as forças malignas. Pelo meu merecimento, eu anulo as vibrações de ódio, inveja, trabalhos e orações feitos contra mim, contra minha casa. Com as forças eu invoco o universo superior e manifestado, e por isso nada me molestará, nada me derrubará. Conseguirei vencer todos os meus inimigos, materiais e espirituais.

Oração contra mau-olhado

A cruz de Jesus foi em mim encruzada para afugentar os inimigos. Quando eu morrer, Deus estará me aguardando. Pisei os pés na terra com a alma em dia, com amparo de Deus e da Virgem Maria. Espíritos inferiores não terão guarda em meu corpo e em meu coração. Meu anjo da guarda há de me proteger e me guardar de noite e de dia em todo lugar que eu andar. A Virgem Santíssima me ilumina com três velas acesas e os sete arcanjos para me ajudar.

Oração para os encantados da floresta

Amigos encantados, que vocês tenham a força e a sabedoria de me ajudar a combater os meus inimigos, que terão olhos e não me verão, terão braços e não me alcançarão, terão pernas e não conseguirão me pegar. Que a força das águas, dos rios e das cachoeiras possam ter o poder de me limpar contra tudo e contra todos os males que possam me atingir. Nos quatro cantos estarei protegida, no meio estarei untada, e em volta estarei espargida.

Oração para os encantados das águas

Guardiões dos rios e dos mares, fontes de energia de todas as formas, que a força poderosa da água possa me limpar e me lavar de todo pranto, trazendo para mim, para o meu lar e para o meu trabalho a prosperidade, a felicidade, a saúde e a abundância, e que eu nunca possa em momento algum da minha vida ter sede e não ser saciado. Que os poderosos encantados possam sempre estar atrás de mim e na minha frente, sendo um escudo encantado e forte de todas as maldades.

Oração para afastar a melancolia

Assim como Deus é o Sol e a Lua, o mar, as flores e todos os pássaros que cantam no universo, as árvores frondosas que dão abrigo aos peregrinos, o farol que ilumina todos os caminhos, com esta mesma força de quem faz o mundo em sete dias retire de mim esta tristeza, melancolia de piedade e desencanto. Com os poderes do pai, que é o espírito de maior grandeza, eu tenho certeza de que ao terminar essa oração já me sentirei alegre, perfeito e feliz.

orações, rezas e benzimentos

Oração para quebrar forças negativas

Pelo poder das salamandras eu te neutralizo, força inferior; pelo poder das águas eu te lavo; pelo poder dos ventos comandados pelos silfos eu te expulso e com o poder do elemento terra, através dos duendes e gnomos, eu te afasto para sempre da minha vida, do meu caminho.

Credo às avessas para afastar os inimigos

Amém. Eterna vida na, carne da ressurreição na, pecados dos remissão na, santos dos comunhão na, católica igreja santa na, santo espírito no creio, mortos e vivos os julgar vir de há donde, poderoso todo, pai Deus de direita à sentado está onde, céus aos subiu e dia terceiro no ressuscitou, mortos dos mansão à desceu, sepultado e morto crucificado foi, Pilatos Pôncio sob padeceu, Maria Virgem da nasceu, Santo Espírito do poder pelo concebido foi que, senhor nosso, filho único seu, Cristo Jesus em e, terra da e céu do criador, poderoso todo pai Deus em creio.

Oração para benzer a casa

Nós te pedimos, ó Deus onipotente, que bendigas nossa casa. Pedimos que abençoes este lugar, fazendo entrar por portas e janelas teus santos anjos, que nos defenderão de toda maldade material e espiritual. Dai, Senhor, a esta casa a abundância das virtudes celestes e toda a paz de que necessitamos e que merecemos ter.

(Rezar enquanto benze todos os cantos da casa com folhas do pinhão roxo.)

AFIRMAÇÕES

AS DÁDIVAS divinas estarão comigo em todos os lugares; vivo na presença do pai de onde emanam todas as forças, uso cada momento do dia para glorificar Deus; e a harmonia, a paz e a abundância são minhas agora.

AMOR DE DEUS que de mim emana, abençoa a todos que me cercam; nada temo, pois o Senhor está comigo.

AFIRMO que tudo que é meu por direito está em mim agora, e por isso serei rico de saúde, de paz e de felicidade.

EU SOU FORTE e poderoso, feliz e abençoado. Por isso ordeno que ... (dizer o que deseja), decreto que ... (repetir o desejo), e por isso conseguirei tudo que desejo pelo poder infinito do pai.

PELO PODER de todas as forças eu conseguirei ... (dizer o que deseja), porque sou filho perfeito do pai amantíssimo e justo.

CONSEGUIREI a graça que ordeno pelas forças das salamandras, que regem o fogo, e dos silfos, que regem o ar.

FOLHAS DA TERRA, envolvei-me, tirando do meu corpo a dor e a infelicidade; eu vos saúdo, ó folhas poderosas, para que possa contar sempre com vosso poderoso poder.

BENDITO cão sem luz, mais pobre que tu nasceu Jesus, tu é de ferro e eu sou de aço, tu me atrapalhas e eu te embaraço, com o poder de Deus e da Virgem Maria.

ORAÇÕES AOS ANJOS

Arcanjo Gabriel (segunda-feira)

Santo anjo da anunciação, sagrado mensageiro de Deus, trazei-nos a mensagem celeste e cuidai para que compreendamos devidamente a palavra do Senhor. Fazei com que estejamos prontos e vigilantes quando chegar o sinal dos tempos. Amém.

Arcanjo Samuel (terça-feira)

Oh! Arcanjo da espada flamejante, vós que exerceis a justiça de Deus, sede condescendente com nossas faltas, julgando-nos com benevolência; que o fogo de vossa espada purifique-nos de todo o mal, libertando nosso espírito para exercer o bem sem julgar nosso semelhante. Amém.

Arcanjo Rafael (quarta-feira)

Salve, grande Rafael, médico de Deus, vinde em meu auxílio, derramai vosso poder curador sobre nós, recarregando cada célula de nosso corpo com a força vital. Que todo o nosso organismo se recupere das doenças materiais ou espirituais, pela graça e poder de Deus Pai, Deus Filho, Deus Espírito Santo. Amém.

Arcanjo Zaquiel (quinta-feira)

Grande arcanjo de misericórdia divina, tende piedade de nós, que vossas bênçãos ocultem nossos defeitos, tornando-nos merecedores de vossa complacência; perdoai nossas faltas e pecados, e amparai nossas fraquezas diante das tentações. Amém.

Arcanjo Anael (sexta-feira)

Grande arcanjo pleno de amor divino, enviai-nos correntes transbordantes de vossa graça e amor, para que sintamos em nossos corações a chama do verdadeiro amor universal que reflete sobre todas as coisas e seres existentes na face da Terra. Amém.

Arcanjo Orifiel (sábado)

Arcanjo que tendes a graça da presença de Deus, projetai vossa luz para o nosso discernimento e sabedoria; junto com o poder da iluminação, dai-nos a humildade e a compaixão, para que possamos orientar e conduzir o próximo sem a imposição da nossa vontade. Amém.

Arcanjo Miguel (domingo)

São Miguel arcanjo, protegei-nos no combate, cobri-nos com vosso escudo contra os embustes e as ciladas dos demônios; pedimos a vós, príncipe das milícias celestes, pelo divino poder, precipitai no inferno Satanás e outros espíritos malignos que andam pelo mundo para atormentar as pessoas. Amém.

Pequena oração para o anjo da guarda

Santo anjo do Senhor, meu zeloso guardador, se a tu me confiou a piedade divina, sempre me rege, me guarda, me protege e me ilumina.

Oração dos santos anjos

Arcanjos de Deus, sete espíritos diante do trono divino, vós que sois a emanação da vontade do Senhor, concedei-me a iluminação da consciência, a misericórdia de Deus, a graça do amor divino. Amém.

PROTEÇÕES E MIRONGAS PARA OS ANIMAIS

Você também pode usar seus conhecimentos e poderes para criar uma proteção mágica para seus animais de criação e de estimação. Mas lembre-se que essas práticas não eliminam a necessidade das vacinações e dos cuidados do veterinário.

Para benzer filhotes

Soque juntos um raminho de arruda, um dente de alho e um pouco de sal. Passe um dedo na mistura e encruze as patas e a cabeça do animal. Repita por três dias na Lua Minguante.

Para livrar do mal de sete dias

Deixe perto dos filhotes um pires com sal e alho socado; depois jogue em água corrente.

Para não roubarem seu animal

Em quatro Luas Cheias consecutivas, dê um banho de manjericão, erva-cidreira e sal grosso no animal.

Para não baterem em seu animal

Na Lua Cheia, escreva em uma fita azul o número 33 e pendure no pescoço dele.

Para não envenenarem seu animal

Habitue seu cão a comer sempre na mesma vasilha, colocando em volta dela algumas pimentas-malaguetas, pois, se ele comer as pimentas, nunca mais comerá nada que não esteja dentro da vasilha.

Para seu cão não pegar raiva

Em três Luas Minguantes consecutivas, corte um pedaço do pelo da orelha direita do animal e jogue no fogo.

Para acabar com o quebranto do animal

Em quatro Luas Minguantes consecutivas, penteie seu cachorro com uma vassourinha de piaçava, que tem de ser nova; quando terminar, jogue a vassoura no rio ou em qualquer outra água doce.

Para seu cão parar de uivar

Pegue um par de chinelos seus e vire-os de cabeça para baixo.

Para seu cão ser dócil

Escreva o nome dele em uma fita cor-de-rosa e amarre no pescoço do animal por sete dias; depois tire a fita e guarde-a em uma gaveta.

Para um cão ficar manso

Assim que o filhote abrir os olhos e tiver idade de receber os primeiros cuidados, faça-o passar sete vezes seguidas entre as pernas do seu dono.

Para o cão guardar sua casa

Deixe que o animal durma por três dias em cima de uma roupa sua; depois lave a roupa e dê banho nele com a mesma água.

Para seu cão ser fiel

Corte uma tira de uma roupa vermelha e escreva nela seu nome e o nome dele. Amarre no pescoço do animal, deixe por algum tempo e depois tire e enterre em um campo florido ou gramado.

Para seu cão ter pelo bonito

Durante um mês dê banho no animal com manjerona, alecrim e alfazema. Quando acabar, ponha uns pingos de óleo doce nas mãos e esfregue no animal, torne a lavar com o mesmo banho.

Para acabar com as pulgas (1)

Depois do banho, espalhe nele fermento de bolo como se fosse talco.

Para acabar com as pulgas (2)

Dê um banho no animal com sabão em pó e um punhado de sal grosso.

Para livrar seu animal de picadas de cobra

Faça um cordão de três dentes de alho e amarre nas patas do animal, ou esfregue alho nas quatro patas.

Para livrar sua granja de peste e morte dos animais (1)

Pegue galhos de pinhão-roxo, espada-de-são-jorge e algumas folhas de cuieira e deixe secar; depois prenda tudo junto em um lugar alto, dentro do local onde os animais ficam.

Para livrar sua granja de peste e morte dos animais (2)

Pegue uma corda de alho, costure nela sete pripiocas e pendure no local onde os animais ficam.

Para livrar seu animal do mau-olhado

Enterre, em cada um dos quatro cantos do lugar onde ele fica, um dos seguintes objetos: uma estrela de quatro pontas, uma figa de guiné, uma pedra de barro e um caroço de uxi.

Para as galinhas botarem mais ovos

Cozinhe três ovos de galinha, misture à ração e dê para as galinhas comerem.

Para a tosse de gatos

Passe nos órgãos genitais do animal uma mistura de mel de abelha com mastruz; ao se lamber, o animal será beneficiado por ingerir o remédio.

PLANTAS, SUAS PROPRIEDADES MEDICINAIS E USOS NA MAGIA

ABACATEIRO (*Persea americana*) Árvore de frutos comestíveis cujas folhas são antissépticas, adstringentes e diuréticas.

ABIÚ (*Ferdinandusa paraensis*) Também conhecido como acauá e pau-de-bugre. Árvore mediana, seu fruto é comestível e o seu látex contém guta em pequenas quantidades. O fruto é usado para trabalhos fortes e as folhas, para banhos de amor.

ABRICÓ (*Mimusops elengi*) O mesmo que abricó-do-mato. Árvore brasileira de frutos comestíveis. A casca e a raiz têm propriedades medicinais.

AÇAÍ (*Euterpe oleracea*) Palmeira de tronco delgado, encontrada nas várzeas à beira dos rios, em locais pantanosos ou úmidos. Fruto de cor violácea, dispostos em cachos, usados para banhos. Das suas raízes prepara-se um chá excelente para o tratamento das perturbações intestinais e como antianêmico, sendo portanto uma planta medicinal. A casca do palmito de açaí se enquadra na lista das palmeiras que podem fornecer energia alternativa para o consumo do homem.

ACAPU (*Vouacapoua americana*) Árvore mediana, de madeira de lei. É uma das mais resistentes madeiras da Amazônia. Sua casca serve para trabalhos de segurança.

AÇOITA-CAVALO (*Luehea paniculata*) Também conhecida como mutamba-preta. Suas folhas são grandes e claras, suas flores são brancas ou rosadas, e suas sementes são brancas e aladas. Como chá é usada no tratamento de reumatismos, tumores, fígado e pulmão.

AÇUCENA-DO-MATO (*Posoqueria latifolia*) Árvore de pequeno porte, de folhas grossas e pontudas. Suas flores são brancas e perfumadas, e nascem com o formato de um quiabo.

AGARRADINHO (*Antigonon leptopus*) Trepadeira mexicana também conhecida como amor-agarradinho, caracterizada pelos belos cachos de flores cor-de-rosa. Usada em magias de amor.

AGRIÃO (*Rorippa nasturtium-aquaticum*) Erva comestível nativa da Europa. As folhas e os talos são ricos em minerais e têm valor medicinal.

ALECRIM (*Rosmarinus officinalis*) Erva aromática originária da Europa. As folhas são usadas com tempero e medicamento; as sementes fornecem uma essência com propriedades terapêuticas.

ALFACE (*Lactuca sativa*) Erva comestível cuja raiz contém uma substância calmante e narcótica.

ALFAZEMA (*Lavandula angustifolia*) Arbusto nativo da região do Mediterrâneo, também conhecido como lavanda (do seu nome em inglês). Fornece uma essência usada em perfumaria e medicina. Em magia, emprega-se a essência ou as flores secas.

plantas, suas propriedades medicinais e usos na magia

ALHO (*Allium sativum*) Erva formada por um bulbo dividido em diversos "dentes", do qual saem as raízes e as folhas longas e finas. O alho roxo é aquele em que a casca dos dentes é roxa. O bulbo é usado como tempero, além de ter propriedades medicinais, como antisséptico e depurativo, e mágicas. O bulbo é envolvido em cascas usadas para fazer defumadores e banhos.

ALPISTE (*Phalaris canariensis*) Erva nativa da região do Mediterrâneo cujas sementes são usadas como alimento para aves e também têm usos medicinais. Seu chá é diurético e abaixa a pressão arterial.

AMANSA (*não identificada*) Planta rasteira de pequeno porte, com folhas de cor verde intensa. É usada na magia para quebrar as forças.

AMAPÁ (*Parahancornia fasciculata*) Árvore alta de cujo tronco é extraído um látex branco usado como remédio para os pulmões, e que é um poderoso fortificante e cicatrizante ativo. Na magia, esse leite (látex) serve para atração.

AMOR-CRESCIDO (*Portulaca pilosa*) Planta medicinal que, devidamente macerada, é usada sobre queimaduras e erisipelas. Seu suco é remédio contra hemoptises. Nativa do Brasil, também é conhecida como alecrim-de-são-josé.

ANDIROBA (*Carapa guianensis*) Árvore grande. Sua madeira tem gosto amargo e oleaginoso, a casca da madeira é usada para lavagens de úlceras externas, como anti-inflamatório. Seu óleo é muito usado pelas amazônidas. Na magia, esse óleo é usado para combater as negatividades e para trabalhos de separação.

APIÍ (*Dorstenia asaroides*) Planta de folhas pequenas e recortadas, também conhecida como caapiá e contraerva. No campo medicinal, é utilizada em xaropes para tosse. Na magia, é usada em banhos energéticos.

ARNICA-DO-CAMPO (*Chionolaena latifolia*) Pequeno arbusto nativo do Brasil que substitui a arnica europeia. Com suas folhas prepara-se emplastro para baques, servindo para amenizar dores e sofrimentos.

ARROZ (*Oryza sativa*) Erva nativa da Ásia cujas sementes são a base da alimentação em muitas partes do mundo. Na magia, simboliza fartura e paz.

ARRUDA (*Ruta graveolens*) Planta com uso medicinal para dores e reumatismo e, na magia, como repelente contra energias negativas.

BABOSA (*Aloe vera*) Planta carnuda cujas folhas contêm uma goma de grande poder cicatrizante e antitumoral.

BACURI (*Platonia esculenta*) Árvore de grande porte, nativa da Amazônia. Seus frutos comestíveis são redondos e têm casca grossa, resinosa e polpuda. É muito usado no fabrico de compotas, doces e sucos. Os frutos e as cascas do frutos servem para trabalhos de atração.

BÁLSAMO-DE-SÃO-TOMÉ (*Myroxylon balsamum*) O mesmo que bálsamo-de-cartagena, bálsamo-de-tolu, pau-bálsamo, pau-de-incenso e cabriúva. Árvore da flora sul-americana. Produz uma resina aromática usada em medicina, perfumaria e magia.

BANANA (*Musa spp.*) Arbusto de grande porte originário da Ásia. Existem muitas espécies de bananeiras, algumas cultivadas como ornamentais e outras pelos frutos comestíveis. Suas grandes folhas, cortadas em pedaços, são usadas na culinária para embrulhar alimentos a serem cozidos. Existem diversas variedades de bananas, desde a pequena banana-ouro até a grande banana-da-terra.

BATATA-INGLESA (*Solanum tuberosum*) Erva nativa da América do Sul, cujas raízes são grandes tubérculos comestíveis, ricos em amido e vitamina C. A planta inteira tem usos medicinais.

BAUNILHA (*Vanilla spp.*) Nome dado a diversas espécies do gênero *Vanilla*, nativas do Brasil, que substituem a baunilha verdadeira da América Central (*Vanilla planifolia*). A baunilha é uma orquídea trepadeira cujo fruto, em formato de vagem, tem propriedades aromáticas e medicinais.

BETERRABA (*Beta vulgaris*) Planta asiática de folhas e raízes comestíveis. Algumas variedades são usadas para produzir açúcar.

BOLDO (*Plectranthus barbatus*) A planta mais cultivada no Brasil com esse nome é o boldo-da-terra ou boldo-de-jardim, um arbusto africano de folhas aveludadas com valor terapêutico em males do estômago e do fígado. Existem outras duas plantas com esse nome: o boldo-do-chile, que é uma árvore, e o boldo-baiano (alumã, assa-peixe ou tapete-de-oxalá). Todas têm as mesmas indicações terapêuticas.

BREU-BRANCO (*Protium spp.*) Árvore grande, de madeira avermelhada, que fornece um ótimo carvão. Sua resina aromática é empregada na defumação de ambientes.

BUCHA (*Luffa aegyptiaca*) Cipó rasteiro originário da Ásia e da África tropicais, parente próximo da espécie brasileira conhecida como maxixe-do-pará e buchinha. Seu caule tem ponta angulosa, folhas grandes, ásperas, dentadas e de cor verde-escura. O fruto é uma baga enorme, de até 35 cm, de formato cilíndrico e achatado no ápice. Seu interior é fibroso, possuindo sementes chatas. A polpa madura, macerada em água, desprende um tecido fibroso, elástico, emaranhado e resistente, parecendo uma esponja, empregado para usos domésticos. É planta medicinal: a infusão das sementes é purgativa e um bom anti-helmíntico. Na magia, o fruto é usado para trabalhos de separação.

BUCHINHA (*Luffa operculata*) Trepadeira nativa do Brasil, com folhas em formato de coração, flores amareladas e rutinhos espinhosos. Também chamada de buchinha-do-norte, buchinha-de-marajó, cabacinha e purga-dos-paulistas, tem diversos usos medicinais.

CAFÉ (*Coffea arabica*) Arbusto da Arábia de cujas sementes é feita uma bebida estimulante e de grande valor medicinal.

CAJUEIRO (*Anacardium occidentale*) Árvore brasileira de frutos comestíveis. A casca do tronco é cicatrizante e a raiz é laxante.

CAMAPU (*Physalis angulata*) Arbusto pequeno, nativo da Amazônia. Seus frutos são comestíveis, pouco maiores que uma ervilha; a infusão de suas raízes é um diurético ativo, servindo como remédio contra reumatismo. Seu sumo é muito usado para dor de ouvido. Na magia, o fruto é usado em trabalhos de amarração.

CAMOMILA (*Matricaria chamomilla*) Planta medicinal de origem europeia, amplamente usada como calmante para dores, tensões, cólicas, problemas digestivos e inflamações.

CANARANA (*Hymenachne amplexicaulis*) Planta aquática que desliza na correnteza dos rios amazônicos, existindo em diversas variedades. Suas folhas diuréticas são usadas na forma de chá para problemas renais.

CANELA (*Cinnamomum zeylanicum*) Árvore de pequeno porte, nativa da Amazônia, também conhecida como caneleira e canela-verdadeira. Suas folhas e seus galhos são aromáticos e, depois de secos, servem para aromatizar bolos, doces etc. O chá das folhas e cascas é empregado na medicina como calmante do estômago. Na magia, as folhas e o caule servem para banhos e trabalhos de união e prosperidade.

CANELA-MACHO (*Ocotea spp.*) Árvore de pequeno porte, nativa do Brasil. Diferencia-se da canela comum porque suas folhas são mais finas e alongadas, mas tem as mesmas propriedades.

CAQUI (*Diospyros kaki*) Árvore japonesa cujos frutos, quando não muito maduros, são adstringentes.

CARMELITANA (*Lippia geminata*) Arbusto pequeno, nativo do Brasil, também chamado de cidreira-carmelitana e alecrim-do-campo. Tem folhas miúdas e aromáticas, muito usadas na medicina natural como calmante e para problemas do coração.

CARQUEJA (*Baccharis spp.*) Arbusto nativo do Brasil, com diversos usos na medicina popular.

CASCA-PRECIOSA (*Aniba canelilla*) Árvore da Amazônia cuja casca tem propriedades medicinais e cujas flores são empregadas em perfumaria. Também conhecida como casca-do-maranhão e pereiorá.

CASTANHA-DO-PARÁ (*Bertholletia excelsa*) Árvore grande. As suas amêndoas representam um dos maiores valores nas exportações do estado do Pará. O fruto de forma esférica, chamado de ouriço, agasalha as amêndoas denominadas castanhas-do-pará. Sendo comestível, leitosa, saborosa e nutritiva, é também conhecida como "carne vegetal". A água do ouriço é usada no tratamento da hepatite e a castanha-do-pará é utilizada para depauperamento e esgotamento.

CATINGA-DE-MULATA (*Leucas nepetaefolia*) Arbusto nativo do Brasil, também conhecido como cordão-de-são-francisco, pau-de-praga e rubim. Tem propriedades medicinais, sendo usado para tratamento da asma e do reumatismo. Planta cheirosa, suas folhas são usadas no banho e na infusão de atração.

CATUABA (*Anemopaegma arvense*) Planta brasileira cujas raízes, cascas e folhas são usadas como afrodisíacas e estimulantes do sistema nervoso.

CEBOLA (*Allium cepa*) Erva comestível formada por um grande bulbo constituído por cascas concêntricas, do qual saem as raízes e folhas longas e finas. Esses bulbos são usados como alimento, tempero e medicamento descongestionante e depurativo.

CEDRO (*Cedrela fissilis*) Árvore magnífica, nativa do Brasil. Tem excelente madeira, de gosto amargoso, resinoso e com forte campo de energia.

CENOURA (*Daucus carota*) Planta cujas folhas e raízes são comestíveis e medicinais (antissépticas, anti-inflamatórias e estimulantes).

CHAMA (*sem identificação*) Arbusto pequeno, de folhas e ramos perfumados, muito usado em perfumaria na Amazônia e, na magia, como erva de atração.

CHORA-NOS-MEUS-PÉS (*sem identificação*) Erva da Amazônia usada em magia amorosa.

CHUCHU (*Sechium edule*) Trepadeira nativa da América tropical. Os frutos comestíveis são usados como hortaliça e sua casca é usada na medicina caseira para fazer chá contra a pressão alta.

CIPÓ-D'ALHO (*Lundia longa*) Planta trepadeira que pende das árvores e nelas se trança, abundante na floresta amazônica. Tem como característica principal exalar da raiz e do caule um forte odor de alho. Na magia, é usado para afastar energias negativas.

COCO (*Cocos nucifera*) O mais conhecido é o fruto do coqueiro-da-baía, originário das ilhas do Pacífico. Mas o Brasil tem uma grande variedade de coqueiro nativos com frutos comestíveis.

COENTRO (*Coriandrum sativum*) erva asiática de folhas muito aromáticas. As folhas frescas e as sementes secas têm uso culinário e medicinal.

COMIGO-NINGUÉM-PODE (*Dieffenbachia maculata*) Planta nativa da Amazônia, com grandes folhas verdes manchadas de branco. É venenosa mas tem usos mágicos.

COMINHO (*Cuminum cyminum*) Erva europeia cujos frutinhos são usados como tempero.

COUVE (*Brassica oleracea*) Erva europeia usada como alimento.

CRAVO-DA-ÍNDIA (*Syzygium aromaticum*) Botão floral fechado do craveiro-da-índia, usado como tempero e medicamento. Também é conhecido como cravinho.

CUIEIRA (*Crescentia cujete*) Árvore baixa, possui ramos longos e pendentes. Seu fruto de cor verde é ovalado, com 30 cm de diâmetro, e tem no interior uma polpa esbranquiçada e suculenta. Essa fruta serrada ao meio, envernizada de preto, recebe o nome de cuia (utensílio doméstico usado na Amazônia em substituição à tigela). Na magia, é usada para serviços fortes de energia.

CUMARU (*Dipteryx odorata*) Árvore grande, nativa do Brasil, com madeira amarelo-escura e flores perfumadas. Suas amêndoas ou sementes são cohecidas como fava-cumaru, fava-de-cheiro ou fava-de-tonca. Elas contêm um óleo perfumado e delas pode-se extrair uma tintura medicinal, antiespasmódica e tônica. Na magia, a semente é usada para qualquer trabalho de amor.

DINHEIRO-EM-PENCA (*Pilea nummularifolia*) Planta rasteira nativa do Brasil, cultivada em jardins. Seu nome está associado às pequenas folhas agrupadas em uma haste fina. Na magia, é muito usada para atração financeira.

ELIXIR-PAREGÓRICO (*Ocimum selloi*) Erva nativa do Brasil, de folhas aromáticas, usado na medicina caseira contra diarreias, cólicas e inflamações.

ERVA-CIDREIRA (*Melissa officinalis*) Arbusto que atinge cerca de um metro de altura, com folhas ovais e pontiagudas. Suas flores são pequenas e com odor parecido com o do limão. Planta medicinal, é usada em chás como calmante e de efeitos antiespasmódicos.

ERVA-DOCE (*Pimpinella anisum*) Planta rasteira nativa do litoral do Mediterrâneo, cultivada como tempero e planta medicinal. Suas flores e folhas são usadas em chás calmantes.

Na magia é usada para fazer atração. Também chamada de anis.

ERVA-MATE (*Ilex paraguariensis*) Árvore brasileira de cujas folhas é feita uma bebida refrescante, estimulante e diurética.

ESPADA-DE-SÃO-JORGE (*Sansevieria guineensis*) Planta de jardim nativa da África mas muito comum na Amazônia e em outras regiões do país. Tem folhas fibrosas e compridas, com o formato de lâminas de espada, verde-claras e pintadinhas. É muito usada nas casas e nos jardins e serve como proteção contra energias negativas.

ESPINHEIRA-SANTA (*Maytenus ilicifolia*) Erva medicinal brasileira de ação comprovada contra tumores e infecções.

EUCALIPTO (*Eucalyptus spp.*) Árvore originária da Austrália e aclimatada no Brasil. Todas as variedades de eucaliptos cultivados no país têm folhas de valor medicinal com desinfetantes e descongestionantes, sendo muito usadas em problemas respiratórios e na limpeza de ambientes.

FEIJÃO (*Phaseolus vulgaris*) Erva nativa da América do Sul cujas vagens e sementes são comestíveis. Existem diversas variedades, caracterizadas pelas cores dos grãos: preto, branco, moreno ou mulatinho (pardo), rajado. Na magia, o feijão é associado aos espíritos.

FEIJÃO-FRADINHO (*Vigna unguiculata*) Planta de uma família de feijões originária da Ásia e da África. Muito usado na culinária religiosa brasileira.

GENGIBRE (*Zingiber officinalis*) Planta tuberosa. Sua batata é muito usada para males da garganta, gripes e resfriados.

GERGELIM (*Sesamum indicum*) Erva de origem asiática cujas sementes são comestíveis e fornecem um azeite saboroso. Usado contra cólicas, inflamações, queimaduras e problemas dos rins e do aparelho digestivo.

GOIABEIRA (*Psidium guajava*) Pequena árvore brasileira de frutos comestíveis. Os brotos dos ramos, as folhas novinhas e a casca do caule são eficazes contra diarreia, bronquites e inflamações. O fruto maduro é laxante.

GUINÉ (*Petiveria alliacea*) Também conhecida como mucuracaá, tipi e amansa-senhor, é muito usada para banhos de limpeza de corpo e ambiente.

HORTELÃ (*Mentha sylvestris*) Planta de folhas grossas, dentadas e cobertas de pelos, nativa da Europa e cultivada no Brasil. Suas flores são pequenas e, quando maceradas, exalam um aroma forte. As folhas são usadas na medicina alternativa para problemas de pulmão e secreções. Também conhecida como levante ou alevante. Ver hortelã-de-panela.

HORTELÃ-DE-PANELA (*Mentha x. piperita*) É a hortelã comum, também chamada de hortelã e hortelã-da-horta. Erva de uso culinário e medicinal, útil contra cólicas, problemas digestivos e infecções intestinais.

HORTELÃZINHO (*Mentha pulegium*) Erva aromática brasileira também conhecida como poejo-das-hortas. O chá das folhas é usado como digestivo e depurativo.

INGÁ-CIPÓ (*Inga edulis*) Árvore de porte mediano, com fruto comprido em formato de cipó com gomos diminutos, possuindo sementes envoltas em uma polpa branca de sabor adocicado. A casca do fruto serve para trabalhos de amarração.

IPÊ-ROXO (*Tabebuia impetiginosa*) Árvore brasileira. As folhas e a casca do caule são usadas contra infecções e como diurético e antidiabético.

JAMBU (*Acmella oleracea*) Erva nativa do Brasil, com hastes ramosas e rasteiras; o caule, as folhas e raízes possuem sabor acre, provocando a salivação quando mastigadas, ou uma espécie de dormência dos lábios. Empregado na alimentação como salada ou verdura cozida. Seu uso é especialmente destacado nas exóticas comidas do Pará, como o tacacá e o pato no tucupi. É planta medicinal: contém óleo aromático, iodo, ferro, fosfatos e sais, e é usada como depurador do sangue, expectorante e energético. Na magia é usada para atração e problemas sexuais. Suas folhas servem para fazer campos de energia e banhos. O mesmo que agrião-do-pará.

JAPANA (*Ayapana triplinervis*) Arbusto pequeno, nativo da Amazônia. Tem flores e folhas de cheiro agradável e é medicinal, sendo usada no tratamento da diarreia. Também chamado de aiapana.

JASMIM-BOGARI (*Jasminum sambac*) Arbusto nativo da Índia, cultivado em jardins e aclimatado na Amazônia, trazido pelos portugueses. De folhas lustrosas, flores brancas que se abrem no início da noite exalando um perfume forte e agradável. Esta planta de flores perfumadas é usada na magia como atrativo. Mais conhecido como bogari.

JASMIM-DE-SANTO-ANTÔNIO (*Jasminum grandiflorum*) Arbusto oriundo da Ásia, aclimatado na Amazônia, com flores brancas, perfumadas, muito usadas na magia como atração.

JERIMUM (*Cucurbita spp.*) Nome regional da abóbora, fruto da aboboreira, trepadeira nativa das Américas cujas folhas, flores, frutos e sementes são comestíveis. As sementes são vermífugas; o suco das flores alivia males do estômago; as folhas são usadas em emplastros contra a erisipela.

LÁGRIMA-DE-NOSSA-SENHORA (*Coix lacryma-jobi*) Planta nativa da Ásia e aclimatada no Brasil. Seus frutos, do tamanho de uma ervilha e ligeiramente azulados, são usados como contas na confecção de colares e para mirongas de atração e saúde.

LARANJEIRA (*Citrus aurantium*) Árvore nativa da Ásia, de frutos comestíveis. A variedade que cresce de sementes é a laranjeira-da-terra, usada como "cavalo" para o cultivo de laranjas doces. As folhas, as flores e a casca dos frutos são calmantes, tônicas do sistema nervoso e analgésicas. Os frutos são ricos em vitamina C.

LIMA (*Citrus aurantifolia*) Arbusto asiático da mesma família da laranjeira e com usos parecidos com os dela. Também conhecida como lima-da-pérsia.

LIMÃOZINHO (*Siparuna apiosyce*) Também conhecido como limoeiro-bravo, erva-cidreira-do-mato e negra-mina. Arbusto nativo do Brasil, com usos medicinais.

LIMOEIRO (*Citrus limon*) Árvore da mesma família da laranjeira, cujos frutos, folhas e flores têm os mesmos efeitos medicinais que os da laranja.

LOURO (*Laurus nobilis*) Árvore nativa da região do Mediterrâneo. Suas folhas são usadas desde a Antiguidade como tempero e como símbolo de vitória.

MAÇÃ (*Malus domestica*) Fruto da macieira, árvore europeia cultivada no Brasil. Além de ser comestível, tem usos medicinais e mágicos.

plantas, suas propriedades medicinais e usos na magia

MALÍCIA-DE-MULHER (*Mimosa pudica*) Arbusto nativo do Brasil, também chamado de "maria-fecha-a-porta-que-teu-pai-já-morreu", dormideira e sensitiva. Sua haste é recoberta de espinhos. Tem flores pequenas de cor rosada ou arroxeada. Quando tocada por qualquer objeto, a folha fecha os folíolos, abrindo-os após algum tempo. Sua raiz tem efeito purgativo e é usada como tônico energético. Na magia, serve para vários tipos de atração. Seu uso é estritamente feminino.

MALVAÍSCO (*Sida micrantha*) Arbusto pequeno, de caule ereto e nodoso, nativo do Brasil. De seu caule podem-se extrair belas fibras têxteis usadas no fabrico de vassouras e espanadores. A planta é usada como vermífugo e também é um ótimo cicatrizante. Ocasionalmente chamado de malvarisco, apesar de esse nome se aplicar mais comumente a outras plantas.

MAMÃO (*Carica papaya*) Fruto do mamoeiro, árvore nativa das Américas. Além de ser comestível e de ter usos medicinais, o mamão é muito usado em magias ligadas a entidades das matas.

MANACÁ (*Brunfelsia uniflora*) Arbusto nativo do Brasil, com folhas ovais e flores cuja cor varia do roxo ao branco. É planta medicinal, sendo empregada no tratamento da sífilis e do reumatismo. Na magia, suas flores servem para união.

MANDIOCA (*Manihot esculenta*) Planta nativa do Brasil, também conhecida como maniva. Suas raízes são tuberosas, em forma de cilindro grosso. Delas é extraído o tucupi (caldo amarelo, base de diversos pratos regionais do Pará). As raízes raladas e torradas se transformam na farinha-d'água, depois de tratadas para extração do veneno que contêm. As folhas, moídas e fervidas por vários dias, transformam-se num apetitoso prato chamado maniçoba. Parente do aipim ou mandioca-mansa, cuja raiz é comestível.

MANGUEIRA (*Mangifera indica*) Árvore nativa da Índia e completamente aclimatada no Brasil. Seus frutos são comestíveis. A casca e a resina do tronco têm usos medicinais.

MANJERICÃO (*Ocimum basilicum*) Planta herbácea de folhas aromáticas, usada em banhos de cheiro e posta nos armários para perfumar e afastar insetos. Como planta medicinal, tem efeito tônico e antiespasmódico. Na magia, suas folhas servem para fazer perfumes e banhos de atração.

MANJERONA (*Origanum majorana*) Erva nativa da Europa, com usos medicinais e culinários.

MARAPUAMA (*Ptychopetalum olacoides*) O mesmo que muirapuama. Árvore pequena, suas flores são brancas e com perfume penetrante e agradável de jasmim. É planta medicinal, conhecida como um dos mais poderosos afrodisíacos da flora amazônica. Na medicina ela é energética, fortificante e tônico rejuvenescedor. De uso externo, a casca e a raiz, colocadas em infusão, são usadas para dores musculares.

MARUPAZINHO (*Eleutherine plicata*) Erva da Amazônia cuja raiz tem bulbos (batatas) que são usados na forma de chá contra diarreias e infecções intestinais.

MASTRUZ (*Chenopodium ambrosioides*) Erva nativa do Brasil, também conhecida como mastruço ou erva-de-santa-maria. Tem folhas alternadas, ascendentes e sinuosas, fortemente dentadas. Suas flores dão em cachos alongados; as sementes são pequeninas, pretas e numerosas. Toda a planta exala um cheiro forte. É planta medicinal empregada como vermífugo de primeira qualidade. Na magia, suas folhas são usadas para enjoamento.

MAXIXE (*Cucumis anguria*) Planta rasteira nativa da América Central cujos frutos espinhentos são comestíveis.

MELÃO (*Cucumis melo*) Erva rasteira originária da África cujo fruto é comestível. Na magia, o melão é fruto de água e associado à Lua.

MILHO (*Zea mays*) Erva de grande porte, nativa do Brasil. Produz grandes espigas com grãos brancos, amarelos ou vermelhos. Tem usos culinários, medicinais e mágicos.

MIRRA (*Commiphora myrrha*) Árvore asiática que produz uma resina aromática usada como defumador.

MORANGO (*Fragaria spp.*) Erva rasteira nativa da Europa. Seus frutos vermelhos e doces, em forma de coração, são muito usados em magia amorosa.

MOSTARDA (*Sinapsis alba*) Planta de folhas comestíveis cujas sementes são usadas como tempero e medicamento.

MUTAMBA (*Guazuma tomentosa*) O mesmo que camacã, mucungo, ibixuna e pojó. Árvore grande, com madeira de cor branca, pouco compacta, apropriada para o fabrico de tonéis, barris etc. O líber também fornece fibras usadas no fabrico de cordas. O decocto da entrecasca é medicinal, sendo usado como remédio contra queda de cabelos e afecções parasitárias do couro cabeludo. Desta árvore é extraído um óleo muito utilizado em perfumaria.

NOZ-MOSCADA (*Myristica fragrans*) Noz (caroço) do fruto da árvore asiática chamada moscadeira. Usada como tempero e, na medicina caseira, como digestivo, afrodisíaco e anti-inflamatório.

OLHO-DE-BOI (*Mucuna altissima*) Também conhecido como mucuna ou mucunã, é um cipó, existindo em diversas variedades que povoam a floresta amazônica. Suas sementes são muito usadas em magia, como atração.

ORIZA (*Pogostemon heyneanus*) Erva asiática aclimatada no Brasil, é parente próxima do patchuli. As folhas aromáticas são usadas para produzir perfumes e também têm usos na medicina popular.

PARIRI (*Pouteria pariry*) O mesmo que frutão. Árvore da Amazônia cujos frutos são comestíveis.

PATCHULI (*Pogostemon patchouly*) Natural da Ásia, é uma planta forrageira, uma espécie de capim que cresce em touceiras em locais de solo arenoso e seco. Suas folhas são verdes, se elevam eretas para o alto e possuem uma certa aspereza. As raízes são aromáticas e com elas são fabricados leques, bolsas, bonecas de cheiro etc. Quando secas, essas raízes servem para perfumar roupas e afastar insetos. Na magia a raiz é usada para encantamento de amor e sexo.

PEPINO (*Cucumis sativus*) Trepadeira originária da Ásia, com frutos comestíveis. Na magia, é uma planta de água e associada à Lua.

PERA (*Pyrus communis*) Árvore europeia de frutos comestíveis e suavizantes.

PIMENTA (*Capsicum annuum*) Planta nativa do Brasil, parente do pimentão. O fruto é usado como tempero, remédio e ingrediente mágico. Tem diversas variedades, como dedo-

-de-moça, calabresa, verde e vermelha, com sabor mais ou menos acre.

PIMENTA-DO-REINO (*Piper nigrum*) Planta asiática cujos frutinhos secos são usados como tempero, remédio e ingrediente mágico.

PIMENTA-MALAGUETA (*Aframomum melegueta*) A verdadeira malagueta é uma erva africana cujas sementes são usadas como tempero. A pimenta-malagueta brasileira (*Capsicum frutescens*) é parente do pimentão; a pimenta-cumarim e a pimenta-de-cheiro são variedades desta espécie.

PIMENTÃO (*Capsicum annuum*) Variedade da mesma planta da pimenta, com frutos maiores e de sabor mais suave.

PINHÃO-ROXO (*Jatropha gossypifolia*) Árvore brasileira que tem diversos usos medicinais.

PIRARUCU (*Kalanchoe sp.*) Conhecida como folha-da-fartura ou folha-da-fortuna, é uma planta suculenta medicinal. Suas folhas são espessas, de cor verde-escura, parecendo mais o prolongamento do próprio caule, pois nas bordas há pequenas gemas que podem se desenvolver independentemente de estarem ou não presas ao caule. Suas flores são em cachos. É utilizada no tratamento das doenças do estômago. Na magia, suas folhas são usadas para separação.

PRIPIOCA (*Kyllingia odorata*) Conhecida também por pirpioca e priprioca, é uma planta herbácea aromática. Sua raiz, no formato de pequenas bolotas, quando seca, é ralada e o pó é colocado em saquinhos de pano para perfumar roupas e afastar traças. Na magia, a raiz é usada em perfumes e banhos de atração.

PUÇÁ (*Mouriri pusa*) Arbusto nativo do Brasil, de folhas elípticas e bagas negras, comestíveis, com sementes grandes.

QUEBRA-PEDRA (*Phyllanthus niruri*) Erva nativa do Brasil, com folhas pequenas e flores miúdas de cor verde-pálida. Planta medicinal usada como chá no tratamento dos cálculos renais, sendo ainda diurética.

QUIABO (*Hibiscus esculentus*) Planta africana muito cultivada no Brasil pelos frutos comestíveis, que também têm usos religiosos e mágicos.

RAIZ-DO-SOL (*Aristolochia paraensis*) Planta nativa da Amazônia, de uso medicinal e mágico.

ROMÃ (*Punica granatum*) Arbusto cultivado como planta ornamental. Os frutos são comestíveis. As cascas dos frutos, o caule e a raiz são adstringentes e antissépticas. O fruto é usado em magias de prosperidade.

ROSA (*Rosa spp.*) Arbusto originário da Ásia, cultivado por suas flores ornamentais e perfumadas. Existem inúmeras variedades de rosas, entre elas, a rosa-de-todo-ano (que floresce intensamente durante o ano inteiro) e as muitas híbridas brancas, amarelas, rosadas e vermelhas.

SABUGUEIRO (*Sambucus australis*) O sabugueiro cultivado no Brasil é um arbusto nativo do país, parente do sabugueiro europeu, e que tem as mesmas propriedades medicinais deste. As flores são usadas em inflamações da pele e dos olhos. As folhas são purgativas e desinfetantes.

SACACA (*Croton cajucara*) Árvore pequena, nativa da Amazônia. Sua casca é aromática e muito utilizada na medicina caseira, como infusão ou chá, no tratamento das doenças do fígado e da obesidade. A sacaca também é empregada no controle do diabetes, como chá hipoglicemiante. Na magia, as cascas e folhas são usadas para feitiços de aborrecimento.

SALSA (*Petroselinum crispum*) Erva europeia usada como tempero.

SALSA-BRAVA (*Lippia alba*) Também conhecida como cidreira-brava, cidrilha e erva-cidreira-brasileira, é um arbusto brasileiro cultivado pelas flores ornamentais. As folhas têm usos medicinais.

SALSAPARRILHA (*Smilax santaremensis*) Cipó nativo da Amazônia que possui rizoma lenhoso, com raízes flexíveis e haste ligeiramente angulosa, cheia de espinhos. Os frutos têm forma de baga, contendo de uma a três sementes. Suas raízes são um poderoso depurativo, diurético e sudorífico, sendo empregadas no tratamento da sífilis e do reumatismo. Na magia, as folhas são usadas para banhos de limpeza.

SALVA-DO-MARAJÓ (*Hyptis incana*) Erva medicinal nativa da Amazônia, parente da hortelã-brava (hortelã-brasileira). O chá das folhas é usado como estimulante, para problemas digestivos e para baixar a febre.

SÂNDALO (*Santalum álbum*) Pequena árvore asiática de madeira muito aromática, usada como defumador e em perfumaria.

SUCURIJU (*Mikania lindleyana*) Planta brasileira usada na medicina popular como cicatrizante em problemas de pele e do aparelho digestivo.

SUCUUBA VERDADEIRA (*Plumeria sucuuba*) Também denominada popularmente sucuba, sua madeira é de cor branca, bem compacta e homogênea. É uma árvore que fornece goma: do seu tronco ferido obtém-se um látex venenoso com o qual pode-se preparar um ótimo visgo.

TABACO (*Nicotiana spp.*) Nome dado a diversas espécies de arbustos nativos da América tropical cujas folhas são usadas para produzir fumo, inseticidas e vermicidas. O tabaco de corda ou fumo de rolo é feito de folhas de tabaco enroladas formando um cilindro.

TAJÁ (*Caladium bicolor*) Planta herbácea nativa do Brasil, também conhecida como tinhorão. Existem diversas variedades, todas cultivadas em jardim ou em vasos. Quase todos os tubérculos desse arbusto, frescos, têm a propriedade de serem eméticos e purgativos. Os tajás são plantas de muita energia e são, em sua maioria, venenosos. Seu uso só deve ser feito por pessoas abalizadas, e devem ser mantidos fora do alcance de crianças e animais.

TAMAQUARÉ (*Caraipa myrcioides*) Árvore pequena ou mediana, nativa da Amazônia, existente nas matas das várzeas. Suas flores são brancas e perfumadas. Com uma pequena incisão no seu tronco obtém-se uma pequena quantidade de um bálsamo, tipo resina, de cor vermelha escura, empregada como medicamento no tratamento das moléstias da pele (herpes, sarna, coceiras etc.). Do embrião pode ser extraído um princípio ativo cristalizável, violento veneno para parasitas intestinais, altamente tóxico e cuja ministração deve ser feita com extrema cautela. Na magia, suas folhas são usadas para trabalhos de amansamento.

TREVO-ROXO (*Scutellaria agrestis*) Erva nativa da Amazônia. O suco das suas folhas é usado na medicina caseira.

URUCUM (*Bixa orellana*) Árvore pequena, seu tronco de até cinco metros é ereto, dividido em ramos, os quais formam a copa com folhas alternadas, pecioladas, cordiformes e acuminadas. As flores são brancas-róseas e o fruto é uma cápsula eriçada de espinhos moles, onde estão as sementes de cor vermelha envolvidas em uma massa da mesma cor. A tintura do fruto é poderoso antídoto do ácido prússico, o veneno contido na raiz da mandioca. É um ótimo produto para a indústria de cosméticos, e como planta medicinal é empregada como expectorante (em doenças pulmonares) e nas moléstias cardiovasculares. Na magia, seu fruto serve para várias modalidades de trabalhos, dependendo da mistura que é feita com ele.

UVA (*Vitis vinifera*) Fruto de uma trepadeira nativa da região do Mediterrâneo, a videira. Existem diversas variedades de uvas: verdes (como a itália), avermelhadas (como a rubi e a rosada) e bem escuras (como a preta).

UXI (*Sacoglottis cuspidata*) Árvore grande, nativa da Amazônia, tem como variedades mais destacadas o uxicuruá, o uxipucu e a uxirana. Serve para marcenaria e seus frutos possuem, no interior, uma polpa comestível.

VASSOURINHA-DE-BOTÃO (*Borreria verticillata*) Planta cujas raízes e folhas são usadas contra infecções internas e externas. A raiz provoca vômitos. Também conhecida como poaia e cordão-de-frade.

VERÔNICA (*Dalbergia subcymosa*) Cipó nativo da Amazônia, de cor verde-escura avermelhada. Tem folhas opostas, oval-elípticas e serradas; as flores, de cor azul pálida ou branco-rósea, são dispostas em cachos. O fruto é uma cápsula pequena. Planta medicinal de propriedades anti-inflamatórias, é usada nas afecções pulmonares, na anemia, na icterícia, em cálculos dos rins e do fígado, em febres intermitentes, em lavagens uterinas e em forma de banhos tônicos. Na magia é usada para virar ou mudar o pensamento.

VINDECAÁ-PAJÉ (*Alpinia zerumbet*) O mesmo que vindica ou colônia. Suas folhas e flores possuem um perfume agradável e, colocadas entre roupas, em gavetas e armários, perfumam-nas e as livram de insetos. Na magia é planta usada para infusões e banhos.

OS TAJÁS E SUAS PROPRIEDADES ENERGÉTICAS

A importância dos tajás na magia amazônica justifica que eles sejam abordados com maior detalhe. A seguir são descritas as principais variedades com seus usos mágicos. Todas elas pertencem à espécie descrita na lista de plantas sob o nome de tajá.

BRASILEIRA Também denominada brasileirinha. Possui porte pequeno e folhas graciosas, verde-claras, mosqueadas de branco. Na magia, as folhas servem para fazer a paz em família.

RIO-BRANCO Um dos maiores tajás, possui folhas longas, com o lobo metade verde e metade branco ou verde com grandes manchas irregulares, chegando essas folhas a medirem até 75 cm de comprimento e 60 cm de diâmetro. É usado curado para proteger e guardar casas e lugares e, segundo alguns pesquisadores, contém uma grande energia.

RIO-NEGRO Tem as mesmas propriedades do rio-branco.

TAMBATAJÁ Usado para trabalhos e mandingas de união.

TAJÁ-DO-SOL Usado para trabalhos de prosperidade.

TAJÁ-COBRA Sua raiz tuberosa, assada, é usada como alimento. Planta usada para trabalhos de baixa magia.

GLOSSÁRIO

ABESTALHADA Pessoa abobada, tola.

AÇÚCAR Produto adoçante extraído da cana-de-açúcar (*Saccharum officinarum*). O açúcar branco (refinado), mascavo (bruto) ou cristal é usado em magia de atração e harmonia para "adoçar" pessoas e situações.

ÁGUA DE CHAMA Água feita da maceração da erva chama. Erveiros da Amazônia podem ter essa água pronta.

ÁGUA DE COLÔNIA Fórmula tradicional de perfume originário da cidade de Colônia (Alemanha), caracterizado pelo aroma de frutas cítricas (laranja, limão, lima).

ÁGUA DE FLOR DE LARANJEIRA Água destilada com flores de laranjeira, usada como calmante e aromatizante.

ÁGUA DE JIBOIA Água feita com as fezes da jiboia (*Boa constrictor*), uma das maiores serpentes brasileiras. Erveiros da Amazônia podem ter essa água pronta.

ÁGUA DE LAVANDA Água destilada com alfazema (lavanda vem do nome inglês da alfazema).

ÁGUA DE ROSAS Água destilada com rosas, usada como perfume e aromatizante.

AGUARDENTE Bebida alcoólica feita pela destilação de infusão de cereais (uísque, vodca, gim), caldo de cana (cachaça, rum), bagaço de frutas (bagaceira) ou vinho (conhaque). O aquecimento elimina o álcool, deixando apenas os aromas.

ÁGUA MINERAL Água que ocorre na natureza com um ou mais minerais dissolvidos em quantidade acima do normal. Dependendo desses minerais, a água pode ter diferentes propriedades medicinais.

ÁGUA OXIGENADA Líquido usado como desinfetante e alvejante. A água de 20 volumes (quantidade de oxigênio) pode ser usada como medicamento na pele; a mais forte, não.

ÁLCOOL Líquido produzido pela destilação de caldo de cana ou cereais. O mais adequado para fazer medicamentos é o álcool puro de farmácia, que tem qualidade controlada e foi engarrafado em condições ideais de higiene. Não use álcool gel, que não é puro.

ALGUIDAR Prato de barro com certa profundidade, usado para a maceração de ervas, raízes, flores e frutos.

ALMOFARIZ Pilão pequeno, que serve para macerar.

ALQUIMIA Técnica mágica de transmutação de materiais.

ALÚMEN Nome comum a diversos compostos químicos formados por enxofre e metais. O alúmen tem propriedades adstringentes e coagulantes. O alúmen mais conhecido é a pedra-ume, usada para estancar sangramentos e diminuir o suor.

glossário

ANIL Corante azul-escuro usado para alvejar roupas brancas. Originalmente era extraído da planta asiática chamada anileira (*Indigofera tinctoria*) e, no Brasil, da anileira-verdadeira (*Indigofera anil*), que tem usos medicinais; mas hoje é mais comum se encontrar o anil sintético. O anil costuma ser vendido na forma de *boneca* (pedra de anil embrulhada em um pedaço de pano).

AZEITE DE OLIVA Óleo extraído da polpa da azeitona, que é o fruto da oliveira (*Olea europaea*). Tem usos culinários, medicinais e mágicos.

AZOUGUE Designação vulgar do mercúrio; argento-vivo.

BÁLSAMO-DE-SÃO-TOMÉ Óleo canforado feito com a resina de uma árvore sul-americana do mesmo nome, também conhecida como bálsamo-de-cartagena, bálsamo-de-tolu, pau-bálsamo, pau-de-incenso e cabriúva (*Myroxylon balsamum*).

BARRO Colete a argila natural em um lugar onde haja barro vermelho exposto no solo.

BENJOIM Resina do benjoeiro (*Styrax spp.*), usada como defumador e em perfumaria.

BICARBONATO DE SÓDIO Pó usado em culinária como fermento para bolos e para fazer bebidas gasosas, e em medicina como antiácido.

CACHOPA Nome dado a qualquer cacho de flores ou dos frutos nascidos nesse cacho.

CAMARÃO SECO Deve ser bem lavado para retirar o sal.

CÂNFORA Substância feita com a resina da árvore asiática chamada canforeira (*Cinnamomum camphora*). É usada na magia para afastar negatividades.

CARVÃO Combustível feito de madeira queimada. Usado para queimar incensos e para purificação.

CHIFRES, DENTES E OUTRAS PARTES ANIMAIS Somente devem ser adquiridos de fornecedores que obtêm os materiais legalmente. Afinal, como conseguir a ajuda das forças espirituais da natureza, se você estiver contribuindo para a extinção de espécies?

COBRE Metal avermelhado que, ao oxidar, fica verde, a cor de Vênus. Por isso é consagrado à deusa do amor.

CONCHA Revestimento de moluscos marinhos, formado por duas peças com o formato aproximado de um pratinho. Consagrada a Vênus, a concha é associada às energias femininas e ao amor.

CREME DE ARROZ Farinha de arroz muito fina, usada para fazer mingau.

CREOLINA Nome popular do cresol ou cresoleno, que é um líquido extraído do alcatrão (derivado do carvão). A creolina foi muito usada no século XIX e no início do século XX como desinfetante e desodorizante. Também teve uso na medicina popular para tratar problemas respiratórios e infecções.

CRISTAIS Um cristal tem que ser limpo na primeira vez em que for usado, quando for reutilizado, e sempre que você sentir que ele está carregado de energias negativas. Ele pode ser lavado em água corrente, enterrado em sal marinho ou na terra, exposto ao Sol ou à Lua Cheia, ou defumado.

CUANDU (*Coendou prehensilis*) Pequeno porco-espinho brasileiro que vive nas árvores e tem hábitos noturnos. Tem pelos escuros misturados com espinhos esbranquiçados que se soltam pela floresta. O espinho é usado em defumações para afastar energias negativas.

CUIA Fruto da cuieira, que os índios usam, depois de cortada e pintada, como utensílio doméstico.

CUIA-PITINGA Cuia preta.

DEFUMAÇÃO Ato ritualístico que consiste na queima de ervas, raízes e cascas para limpeza de ambientes.

ENCRUZAMENTO Ato de fazer sinais da cruz para benzer uma pessoa, um animal, objeto ou lugar.

ENCRUZILHADA FÊMEA Encontro de duas ruas formando um T.

ENCRUZILHADA MACHO Encontro de duas ruas formando uma cruz ou um X.

ENERGIZAÇÃO Ato de colocar energia em determinados objetos ou locais, através de sons, palavras e rituais.

ENXOFRE Mineral com propriedades desinfetantes e purificadoras.

ESTRELA-DO-MAR Animal marinho cujo corpo tem o formato de uma estrela e que pode ter tamanhos variados.

FERRO Usado em magia de defesa e firmeza, sob a forma de pregos, limalha (raspa produzida ao raspar ferro com uma lima), palha (feita com tiras finas de aço) e pequenos pedaços. Metal de Marte (deus da guerra), por causa da cor vermelha da ferrugem.

FIOS Prefira usar barbantes ou linhas de algodão, ou cordas feitas de fibras vegetais.

GELATINA Material tirado de peles, ossos e cartilagens. Uma folha equivale a uma colher de gelatina em pó.

GLICERINA Substância derivada das gorduras, que sobra da produção de sabão. Usada como amaciante.

ÍMÃ Material que atrai metais como o ferro, e que é usado em magia de atração. Encontrado nas formas de ferradura, disco e barra.

IOGURTE Leite coalhado pela ação de bactérias específicas que fazem parte da nossa flora intestinal. É diferente da coalhada, que é o leite talhado por adição de limão, vinagre etc.

JACARÉ (*Caiman spp.*) Grande réptil brasileiro que vive nos rios e pântanos, muito ameaçado por caçadores pelo valor comercial de sua pele. Partes desses animais só devem ser adquiridas de criadores, de preferência de animais que morreram naturalmente.

LÁPIS-LAZÚLI Pedra semipreciosa opaca, azul-clara, dá paz e espiritualidade.

LEITE CONDENSADO Pode ser preparado com quantidades iguais de leite em pó, água fervente e açúcar.

MACERAR Amassar com as mãos ou em um almofariz.

MAIONESE Se não quiser usar um produto industrializado, bata uma gema crua com um pouco de azeite, sal e suco de limão, até formar um creme.

MAISENA Amido de milho.

MANDINGAS Pequenas magias feitas com elementos naturais.

MEL DE CANA O mesmo que melado, o caldo que sobra da produção da rapadura.

MEL Líquido açucarado que as abelhas produzem a partir do néctar de flores para alimentar as moradoras da colmeia.

Muito usado em magia de amor e harmonia para "adoçar" pessoas.

MELADOR Xarope grosso, muitas vezes feito no forno.

MIRONGA Ato de magiar, ato usado na magia para transformação de energias.

MIRONGUEIRAS Pessoas que trabalham com as mirongas.

ODIOCO Um erê, espírito de criança.

OLEAMENTO Ato de untar com óleo objetos sagrados a fim de torná-los energéticos. Para olear velas, use as pontas dos dedos, passando o óleo do meio para as pontas da vela.

ÓLEO DE RÍCINO Óleo das sementes do arbusto africano conhecido como mamona ou carrapateira (*Ricinus communis*). Tem usos médicos e industriais.

ÓLEO MINERAL Óleo derivado de petróleo ou alcatrão, usado como medicamento externo.

ÓLEOS VEGETAIS Óleos extraídos de sementes de diversas plantas. Os óleos de milho, girassol, soja, amendoim e gergelim, entre outros, são usados na alimentação e na indústria. Outros, como o óleo de semente de uva e o de amêndoas-doces, são obtidos em pequenas quantidades e são mais caros; por isso, só têm uso cosmético e medicinal.

OLÍBANO Resina da árvore asiática chamada incenso (*Boswellia spp.*), usada como defumador e em perfumaria.

OURIÇO Fruto da castanheira-do-pará, que traz em seu interior as castanhas, que são as amêndoas.

o caldeirão da magia amazônica

OVO A clara do ovo é a melhor proteína para a espécie humana. A gema é fonte de gordura de boa qualidade e vitaminas. A casca moída é fonte de cálcio. Na magia, o ovo representa fertilidade, nascimento e coisas novas.

PATUÁ Amuleto feito para proteção.

PEDRAS São elementos naturais muito usados em magia, pois trazem a energia da terra combinada com a do ambiente de onde vieram, como é o caso das pedras de rio, do mar e da mata.

PIRARUCU (*Arapaima gigas*) Peixe de água doce usado como alimento na Amazônia. Sua língua é empregada como ralador e suas escamas são usadas como lixa de unhas.

QUARTZO ROSA Cristal transparente, de cor rosa bem clara, que favorece o amor e a união.

QUEBRANTO Estado de baixa energia que geralmente atinge crianças.

QUEROSENE Derivado de petróleo usado como combustível e solvente.

SAL Tempero mineral extraído da água do mar. Em magia, costuma-se usar o sal grosso, que não foi refinado nem recebeu adição de iodo.

TALCO O talco sem perfume pode ser encontrado em lojas de artigos para produção de perfumes artesanais.

TAUARI Cigarro feito de palha usado na magia para limpeza. É muito empregado por pajés e xamãs.

TELÚRICA Energia que vem da terra.

TRANSMUTAÇÃO Ato de mudar a energia de um tipo para outro.

glossário

TURQUESA Pedra semipreciosa opaca, de cor azul-esverdeada bem viva, que favorece a ligação com outras pessoas.

UIRAPURU Nome dado a diversas espécies de aves da Amazônia, entre as quais o uirapuru-verdadeiro (*Cyphorhinus aradus*). É parente distante do bem-te-vi e seu canto é considerado o mais belo do norte do país. Envolto em lendas indígenas, é muito usado em magias amorosas: dizem que suas penas têm poder de atração. Por este motivo, a espécie está seriamente ameaçada de extinção. O único modo inofensivo de usar a ave é catar na mata as penas velhas que caem espontaneamente do seu corpo.

UVA-PASSA Uva desidratada.

VASELINA Pasta mole usada como base para pomadas. A vaselina líquida serve como amaciante.

VELA A vela amarela é feita de cera de abelha. A branca é feita de parafina. A vela de sebo é uma vela barata e grosseira. Quanto ao tamanho, a vela pode ser comum, de três dias, de sete dias. Quanto ao formato, pode ser cilíndrica ou modelada em formas específicas, como objetos e pessoas. A vela pode ser colorida e aromatizada para finalidades específicas.

VELA DE FORÇA Vela espiralada, que pode ser de vários tamanhos.

VINAGRE Líquido de sabor ácido feito a partir de vinho de frutas ou cereais. Usado como tempero e em magia de afastamento.

VINHO Bebida alcoólica feita de frutas fermentadas (originalmente só uvas). É tônico e regenerador. O aquecimento elimina o álcool.

BIBLIOGRAFIA CONSULTADA

INSTITUTO Antônio Houaiss. Houaiss eletrônico. Rio de Janeiro: Objetiva, 2009. (edição em CD-ROM correspondente ao conteúdo integral do *Dicionário Houaiss da língua portuguesa*)

PASTORAL da Saúde. Sabedoria popular: saúde... a cura pelas plantas. Belém: Arquidiocese de Belém, 1992. 208 p.

PLANTAMED. Índice de plantas e ervas medicinais por nomes populares. Disponível em <http://www.plantamed.com.br/> Acessado em 10 jun. 2010.

RODRIGUES, R. M. A flora da Amazônia. Belém: CEJUP, 1989. 462 p.

WIKIPÉDIA. Wikiespécies. Disponível em <http://pt.wikipedia.org/wiki/> Acessado em 10 jun. 2010.

Para falar da minha gente, de seus ensinamentos, não precisei de muitas coisas: apenas de pés descalços e de um ramo de arruda no cabelo molhado com perfume de manjerona.

Para falar de nossos ensinamentos eu precisei apenas da boa vontade de nossos caboclos que, sempre com tauari no canto da boca, chapéu de palha na cabeça, pele morena de sol, estão sempre prontos para desfiar um rosário de ensinamentos.

Para aumentar o conhecimento, contei com o povo da floresta, que permitiu que eu devassasse suas entranhas, suas seivas e suas raízes, suas folhas e seus frutos, suas cascas e suas ervas.

Para abençoar o meu caminho, eu contei com as rezadeiras que, nas noites de Lua Cheia, sabem o momento certo de fazer a oração e de puxar a ladainha.

E para me proteger dos olhares maldizentes, da energia contrária, do mau-olhado e da feitiçaria, a velha benzedeira com sua saia rodada cheirando a patchuli, nas mãos enrugadas um galho de guiné para tirar o quebranto. E, depois desta limpeza de todas as coisas, eu, com o coração aberto e muita sensibilidade, consegui passar para o papel a essência fundamental de nosso povo: a fé.

Este livro foi impresso em fevereiro de 2011, no Armazém das Letras Gráfica e Editora, no Rio de Janeiro. O papel de miolo é o offset 75g/m² e o de capa é o cartão 250g/m². A fonte usada no miolo é a Arnhem Blond.